Otto Schmidt

Das Opfer in der Jahve-Religion und im Polytheismus

Inaugural-Dissertation zur Erlangung der Doctorwürde

Otto Schmidt

Das Opfer in der Jahve-Religion und im Polytheismus
Inaugural-Dissertation zur Erlangung der Doctorwürde

ISBN/EAN: 9783744618922

Hergestellt in Europa, USA, Kanada, Australien, Japan

Cover: Foto ©ninafisch / pixelio.de

Weitere Bücher finden Sie auf **www.hansebooks.com**

DAS OPFER
IN DER JAHVE-RELIGION UND IM POLYTHEISMUS.

INAUGURAL-DISSERTATION

VERFASST UND

DER PHILOSOPHISCHEN FACULTÄT

DER VEREINIGTEN FRIEDRICHS-UNIVERSITÄT
HALLE-WITTENBERG

ZUR ERLANGUNG DER DOCTORWÜRDE

VORGELEGT

VON

OTTO SCHMIDT, CAND. THEOL.
AUS HALLE A. D. S.

HALLE.
Verlag von Julius Fricke.

Druck von E. Karras.
1877.

Meinem verehrten Lehrer

Herrn Professor D. Eduard Riehm

in aufrichtiger Dankbarkeit

gewidmet.

Das Opfer ist die hervorragendste und allgemeinste Ausdrucksweise der religiösen Verehrung im Alterthum. So wenig uns ein Volk bekannt ist, das keine Götter verehrt, so wenig finden wir eines, das seinen Göttern nicht geopfert hätte. Der Ursprung des Opfers fällt in die vorgeschichtliche Zeit; die Opfer, die wir zu betrachten haben, gehören einer viel jüngeren Periode an, in der wir die betreffenden Völker zum Theil bereits auf der höchsten Culturstufe, die sie erreichen konnten, erblicken. Was zunächst das Wesen des Opfers im Allgemeinen betrifft, so verstehen wir unter einem Opfer die freiwillige Darbringung eines Besitzthums für die Gottheit, wobei das Dargebrachte vorwiegend in solchen Dingen besteht, welche dem Menschen zur Nahrung dienen. Hinsichtlich des ersten Punktes ist das Opfer ein sittlich-religiöser Act, nämlich eine Selbstentäusserung im Dienst der Gottheit. Das Hauptmotiv war die Pietät gegen die erhabene Macht, von der sich der Mensch abhängig fühlte. Wie er z. B. seinem Stammesoberhaupt, in dem er seinen Beschützer verehrte, aus Dankbarkeit Gaben darbrachte, so verlieh er auch der ehrfurchtsvollen Gesinnung gegen die Gottheit, in der er den Inbegriff aller Macht anschaute, durch freiwillige Gaben einen sichtbaren Ausdruck. Mit dem Gefühl der Dankbarkeit für das genossene Wohlwollen verband sich aber naturgemäss auch der Wunsch, im Besitze desselben zu bleiben; und da dankbare Anerkennung als die Hauptbedingung dafür gilt, so sind auch jene Darbringungen nicht der Ausdruck der dankbaren Gesinnung für sich allein, sondern zugleich des Verlangens, durch diesen Beweis der Dankbarkeit sich die Gunst dessen, dem man dankt, zu erhalten. Das Opfer können wir daher als eine Huldigung ansehen, die der Mensch der Gottheit darbringt in dankbarer Anerkennung ihres Wohlwollens gegen ihn und zugleich in der Absicht, eben durch diese Anerkennung jenes Wohlwollen auch fernerhin zu geniessen. Diese Absicht tritt aber in vielen Opfern, wie wir später sehen werden, zu einseitig hervor, so dass, was ursprünglich mehr unmittelbarer Ausdruck der Pietät war, nur als Ergebniss kluger Berechnung erscheint: der Mensch beschenkt die Gottheit, damit diese dadurch gehalten sei, ihm gleichsam als Gegenleistung das zu gewähren, worum er sie bittet. Andrerseits jedoch steigert sich hier und da die einfache Selbstentäusserung, als welche wir jedes Opfer aufgefasst haben, zur vollsten Selbstverläugnung um der Gottheit willen, indem für den Werth des Opfers besonders in die Wagschale fällt, wie gross dasselbe ist, und wie theuer es dem Opfernden zu stehen kommt. Das Liebste, das der Mensch besitzt, und von dem er sich am schwersten losreisst, giebt er der Gottheit hin, um ihr Wohlgefallen zu erwerben. — Betreffs des zweiten Punktes, dass nämlich vorzugsweise Nahrungsmittel das Material des Opfers bilden, haben wir in die frühesten Zeiten zurückzugehen, wo einmal dasjenige, was zur Nahrung diente, das vornehmste Besitzthum des Menschen ausmachte, und wo andrerseits noch die sinnlichsten Vorstellungen von der Gottheit herrschten. Wie man dem Stammesoberhaupt aus Dankbarkeit Nahrungsmittel schenkte als das Beste und zugleich Nothwendigste, so brachte man auch der Gottheit Speise und Trank dar, damit dieselbe das Dargebrachte genösse und am Genuss sich erfreute.[1] Diese anthropomorphischen Vorstellungen treten nun zwar mit dem Steigen der Cultur allmählich zurück; dabei bleibt aber jene äussere Form, allerdings jetzt nur mit symbolischer Bedeutung, bestehen.

Eine äusserliche und eben durch die Aeusserlichkeit unvollkommene Art der Gottesverehrung ist natürlich der ganze Opfercult. Denn wie derselbe aus kindlich-naiven, sinnlichen Vorstellungen über die Gottheit, wenngleich auf Veranlassung sittlicher Motive, hervorgegangen ist und den Standpunkt des von der Sinnlichkeit noch gebundenen Geisteslebens kennzeichnet, so besteht er auch so lange fort, als sich der Geist noch nicht in dem Masse von der Sinnlichkeit befreit hat, dass der religiöse Trieb durch rein geistige Mittel geweckt würde und sich in reiner geisti-

---

[1] cf. Tylor, Primitive Culture. Vol. II, 340 ff. Caspari, die Urgeschichte der Menschheit I, 328 ff. II, 106 ff.

ger Weise bethätigte, dass er vielmehr noch sinnlicher Mittel zu seiner Erhaltung und Darstellung nöthig hat. So verlor bei den Israeliten, welche durch die ihnen zu Theil gewordene besondere göttliche Offenbarung am frühesten zur Erkenntniss des wahren Gottes gelangten, der Opferkult doch erst in einer späteren Zeit, wo die Religion eine den Menschen einzig von Innen heraus bestimmende Macht wurde, seine hervorragende Bedeutung; während der Begründer der reinen Gotteserkenntniss gerade das Opfer zum wesentlichsten gottesdienstlichen Institut machte: ein Zeichen, dass diese Art der Gottesverehrung für den damaligen religiösen Standpunkt des Volkes, das einer in festen Institutionen gleichsam verkörperten Religion bedurfte, nothwendig war. So sehr wir daher auch das sich im Opfer kundgebende religiöse Moment, die Energie pietätsvoller Gesinnung, anerkennen, so wird uns doch der Opferkult, mag er auch zu einer noch so hohen Stufe seiner Ausbildung gelangt sein, der Religion gegenüber, in der man Gott im Geiste und in der Wahrheit anbetet, stets als die niedrigere Stufe der Gottesverehrung erscheinen.

Vergleichen wir nun die Opfer der Culturvölker des Alterthums mit einander, so entdecken wir hier zwar überall dieselbe ursprüngliche Idee, nehmen aber bei den verschiedenen Völkern gemäss der verschiedenen Gestaltung ihrer Individualität eine verschiedene Ausbildung derselben wahr. Abgesehen von den im Einzelnen herrschenden mannigfachen Modificationen fassen wir hier nur den allgemeinen, durchgreifenden Unterschied ins Auge, der zwischen dem Opferkulte der Israeliten und denen der übrigen Völker, die im Grossen und Ganzen keine wesentlichen Differenzen aufzeigen, stattfindet. Denn so verschieden die Jahve-Religion von den sog. kosmischen ist, in demselben Masse muss das Unterscheidende beider im Mittelpunkte des Cultus, im Opfer, zu Tage treten; und umgekehrt lassen sich aus den beiderseitig unterscheidenden Merkmalen dieses die beiderseitigen religiösen Anschauungen, wenn auch nicht in ihrer ganzen Vollständigkeit, entwickeln. Das Letztere soll jetzt unsere Aufgabe sein.

Um zuerst die Berührungspunkte der beiderseitigen Opfer aufzustellen, so sind diese damit gegeben, dass das Opfer uralter Menschenbrauch ist und nicht etwa ein selbständiges Erzeugniss des israelitischen Geistes bildet. Als Erbtheil vielmehr von der Vorzeit empfangen wurde das Opfer wesentliches Institut der Offenbarungsreligion, in deren Dienste es zwar eine Fülle neuer Ideen zur Darstellung brachte, aber auch in dieser neuen Ausgestaltung die ursprünglichen, allgemein menschlichen Motive nicht verlor. Die Israeliten brachten zu allen Zeiten reichlich Opfer dar; nicht zu opfern galt für ein Zeichen unfrommer Gesinnung.[2]) Die Bedeutung des israelitischen Opfers ist im Allgemeinen: Hingabe eines Besitzthums an Gott, freiwillige Selbstentäusserung zum thatsächlichen Beweise der frommen Gesinnung. Diese Idee findet ihre vollkommenste Darstellung in der עלה, die in der vollständigen Verbrennung des Opferthieres bestand und, von Privatdarbringungen abgesehen, täglich Morgens und Abends für das Volk dargebracht werden sollte.[3]) Ihr entspricht auch die Forderung des Gesetzes, dass das Opferthier ohne Fehler sei;[4]) denn ein mit einem Makel oder Gebrechen behaftetes Thier darzubringen wäre eine Geringachtung der heiligen Majestät Jahve's.[5]) Man brachte die Erstgeburt der Heerden und die Erstlinge der Erndte Jahve als einen Tribut dar, den man ihm als dem Könige des Landes schuldete;[6]) man opferte ihm aus Dankbarkeit für seinen Segen öffentlich beim Erndtefest, bei Einweihungen, Königswahlen, nach glücklichem Ausgange wichtiger Unternehmungen etc.[7]) und privatim bei den mannigfaltigen Ereignissen des Lebens.

Eine ähnliche Opferwilligkeit finden wir auch im übrigen Alterthum. Um mit den am meisten bekannten Griechen und Römern zu beginnen, so empfingen bei ihnen die Götter die Erstlinge von den Heerden, den Feldfrüchten, der Weinlese, dem Obst etc. Bei jeder wichtigen Angelegenheit des häuslichen und politischen Lebens gedachte man zuerst der Götter; man opferte ihnen bei Hochzeiten, bei Geburten und bei Bestattungen; ferner vor dem Eintritt in ein Amt, vor

---

[2]) koh. IX, 2, Jes. XLIII, 23.   [3]) ex. XXIX, 35 ff.   [4]) lev. XXII, 17.
[5]) Mal. I, 7 ff. 13 ff.   [6]) num. III. 11, XVIII, 12 ff. ex. XXX, 11.
[7]) reg. VIII. 63. 1. Sam. XI, 15 deut. XXVII 7. Jos. VIII, 31,
lev. XXIII, 19.

Volksversammlungen, vor dem Beginn der Schlacht etc. [8]) Ja
kein Mahl wurde gehalten, ohne dass man der Götter dabei
gedacht und ihnen ihren Antheil gegeben hätte. [9]) Und die
Art und Weise, in welcher das Opfer vor sich ging, drückt
deutlich aus, dass man gern und mit Freuden opferte. Die
Opferthiere, die ganz makellos sein mussten, [10]) wurden mit
Kränzen und Binden geschmückt, meist auch mit vergoldeten
Hörnern zum Altar geführt; die Opfernden selbst trugen Kränze
von dem der betr. Gottheit heiligen Baume.

Bei den Phöniziern war von der Opferung Alles aus-
geschlossen, was den Anforderungen an Reinheit und Unverletzlichkeit nicht entsprach. So schreibt z. B. die phönizische
Opfertafel von Marseille vor: [11]) ‚[Was betrifft] irgend ein Opfer,
das man opfern will als ein mangelhaftes vom Vieh, oder als
ein mangelhaftes vom Geflügel, so soll es den Priestern nicht
zustehen [anzunehmen].‘ ‚Der Mensch, der da schmälert die
Abgabe bei irgend einem Opfer nach dem Masse, das festgesetzt
worden ist in der Vorschrift [und in dieser Bekanntmachung,
der soll gestraft werden].‘ Diese Vorschriften sind von der
höchsten Obrigkeit in Carthago für einen Baalstempel an einem
fremden Orte erlassen, woraus man die grosse Gewissenhaftigkeit
ersehen kann, mit der man dort bei der Auswahl der Opferthiere verfuhr. In Folge derselben besorgten auch in Marseille
die Priester selbst die Opferthiere, indem in diesem Verfahren die grösste Garantie für die Integrität derselben geboten
war. [12]) Die Phönizier sind es auch, bei denen sich die hin-
gebende Gesinnung fast ins Ungeheure steigert, indem sie das
Liebste und Theuerste, das der Mensch besitzt, und von dem
er sich am allerschwersten losreisst, den Göttern hingeben; eine
Hingabe, die uns freilich nur mit Verläugnung des menschlichen
Gefühls und mit Verletzung von Recht und Sitte vollzogen
werden zu können scheint. Denn unser Gefühl sträubt sich,

---

[8]) Schoemann, Griech. Alterthümer II, 200 ff. Hes. ἔργ. κ. ἡ μ. 338.
Hermann, Lehrb. der gottesdienstl. Alterthümer der Griechen p. 140 ff.

[9]) Hom. Il. IX, 220. Od. IX, 231.

[10]) Il. I, 66. Verg. Aen. IV, 57. Georg. IV, 578. Ueber die laxere
Sitte der Spartaner cf. Herm. a. a. O. p. 119.

[11]) Zeitschrift der deutschen morgenl. Ges. XIX, 96.

[12]) Movers, phoen. Texte II, 112 ff.

wenn wir hören, wie die phönizischen Mütter ihre Kinder für
den El-Saturn hingaben, in dessen glühenden Armen die un-
glücklichen Opfer, deren Schreien man durch lauten Lärm
unhörbar machte, während man in ihren verzerrten Gesichts-
zügen, die man nicht verbergen konnte, ein Lächeln erblicken
wollte, eines grässlichen Todes starben. [13]) Aber bei allem
Schauder vor einer solchen Verirrung des religiösen Bewusst-
seins dürfen wir doch die hohe Energie hingebender Gesinnung,
die, wenn auch das menschliche Gefühl auf's Tiefste verletzt
wird, das Liebste und Theuerste der Gottheit opfert, nicht
unbeachtet lassen. Den Keuschheitsopfern, welche die phönizischen Jungfrauen der Aschera, die babylonischen der Mylitta
wenigstens ein Mal darbringen mussten, kann man, als dem
sinnlich-üppigen Character jener Völker angemessen, eine der-
artige Bedeutung — abgesehen davon, dass sie keine eigentlichen Opfer sind — ebensowenig beimessen, als den Selbstver-
stümmelungen der Jünglinge zu Ehren der Astarte, die in wildem,
künstlich erregtem Sinnentaumel geschehen.

Noch scrupulöser als die Carthager waren bei der Auswahl der Opferthiere die Aegypter. Bei ihnen war ein Priester
eigens dazu angestellt, die Opferthiere zu untersuchen, und diese
Untersuchung ging buchstäblich auf's Haar. Fand sich nämlich
z. B. an den rothen Ochsen, die allein dem Typhon geopfert
wurden, ein einziges schwarzes oder weisses Haar, so war das
Thier zum Opfer untauglich. [14]) Den Göttern wurde geopfert
zum Danke z. B. bei der Geburt eines Kindes, bei Rettung aus
der Gefahr, bei Volksversammlungen, Königsgeburtstagen, nach
glücklich beendetem Krieg etc. Opfer und Altar waren festlich
bekränzt. Täglich brachte der König früh Morgens eine Opfer-
gabe dar, wobei der Oberpriester für seine Wohlfahrt betete,
seine Tugenden rühmte und ihm das Bild eines Herrschers, wie
er sein sollte, vorhielt. Ferner standen nahe bei der Bibliothek
die Bildsäulen der Götter Aegyptens, deren jeder der König
ein passendes Opfer brachte, um dem Osiris und den unter ihm

---

[13]) Movers, Phönizien 1, 299. Auch Gastfreunde scheute man
sich nicht zu opfern, ders. phoen. Texte II, 304.

[14]) Herod. II, 38. Plutarch de Iside XXXI. Wilkinson, Manners
and customs of ancient Egyptians, A second series etc. II, 340 ff.

sitzenden Beisitzern zu zeigen, dass sein Leben in Frömmigkeit und Gerechtigkeit gegen Götter und Menschen geführt sei. [15])

Nach der Ansicht der meisten indischen Gelehrten ist das Opfer eine Handlung, welche darin besteht, dass man mit Hinblick auf die Götter etwas hingiebt; und zwar muss die Handlung sich auf eine übernatürliche Autorität stützen und dem Menschen zum Heile gereichen. Auf die Art der Gabe kommt es dabei weniger an; selbst die ärmsten Spenden von Butter, Mehl und Milch werden als Opfer betrachtet. [16]) Ein schöner Ausspruch über den Zweck des Opfers findet sich im Rigveda [17]): „Den Faden ziehend, folge du des Himmels Licht — Bewahr' die lichten Pfade, die der Geist ersann — Webt ohne Knoten, ohne Fehl der Dichter Werk — Sei Manu selbst, und zeuge uns den Göttersohn!" M. Müller legt auf Grund der letzten Worte diese Strophe so aus: Thue wie Manu, der zuerst das Opferfeuer anzündete, und zeuge den göttlichen Menschen, d. h. das irdische Feuer (im Gegensatz zur Gottheit des Feuers). Der Faden, der ohne Knoten gewebt werden soll, bezeichnet die ununterbrochene Kette der Opfer, durch welche das Band mit der Gottheit aufrecht erhalten wird, wie durch dieselben andrerseits der Opferde in Beziehung mit seinen Vorfahren tritt.

Bei den iranischen Indern endlich finden wir dagegen die Opfer nur sehr spärlich vor; dieselben bestehen nur in Spenden von Oel, Milch und Honig oder in kostbarem Räucherwerk. Das Opfer ist hier überhaupt nicht der Mittelpunkt des Kultus, wie denn hier auch Tempel, Götterbilder und Altäre fehlen. [18]) Dieses Zurücktreten des Opferkultes hat seinen Grund, wie ich glaube, einmal in dem Character der iranischen Götter selbst, die sich mehr als abstracte geistige Mächte, denn als concrete Personen darstellen, und zu deren Wesen darum eine im Opfer versinnlichte Frömmigkeit nicht passen würde, und dann im Verhältniss des Menschen zur Gottheit. Denn so hoch und erhaben auch Ahuramazda gedacht ist, so fühlt sich doch der Parse nicht in der Weise von ihm abhängig, dass er

---

[15]) Wilk. a. a. O. 373, 363, 284, 290, 366, 352.
[16]) Zeitschrift d. d. m. Ges. IX, p. XLIII. M. Müller Beiträge I, 46.
[17]) Ztschr. a. a. O. XV.
[18]) Her. I, 132. Cic. de leg. II, 10, 26.

seine Gunst durch Opfer zu gewinnen und zu erhalten suchte; vielmehr hat er, der berufene Mitkämpfer gegen das Reich des Bösen, den guten Gott von vornherein auf seiner Seite. An diesen und sein Reich hat er sich zu halten; hier hat er das Gute gegenwärtig, und nur auf ihn kommt es an, desselben theilhaftig zu werden. Seine Hingabe an den guten Gott hat er nicht durch Opfer zu bethätigen, sondern durch unausgesetzten Kampf gegen den bösen Geist oder für die Förderung des Lichtreiches. Mit Reinheit des Herzens und der That ist dem Schöpfer mehr gedient als mit Opfern. Zu einer solchen hohen, rein geistigen Auffassung sind die Parsen früher gelangt als alle anderen Völker. Das Opfer hat bei ihnen keine eigentliche Stelle im Gottesdienst; im Mittelpunkt desselben steht vielmehr das Gebet, welches aber nicht Bittgebet, sondern Lob- und Preisgebet ist. Die bei ihnen übliche feierliche Tödtung der Thiere [19]) ist kein Opfer; sondern sie bezweckt nur die Zurückgabe der Thierseele an Ahuramazda, welche nothwendig ist, weil sonst das Reich des Guten einen Verlust erleiden würde. Das wirkliche Opfer, welches Xerxes darbringt, gilt nicht dem Ahuramazda, sondern der homerischen Athene. [20]) Ueber angebliche Menschenopfer der Parsen vergl. später (pag. 35).

Da man durch das Opfer in näheren Verkehr mit der über der Menschenwelt erhabenen Gottheit trat, so ergab sich heraus einmal der äusserlich feierliche und festliche Character, den das Opfer überall im Alterthum zeigt; andrerseits aber erwuchs hieraus für den Einzelnen die Forderung, nur in würdiger Verfassung, nämlich als ein Reiner, vor das Angesicht der Gottheit zu treten. Das Bewusstsein des Menschen von der Reinheit der Gottheit und das seiner eignen Unreinheit sind gleichzeitig und da besonders lebendig, wo der Mensch zur Gottheit in näherer Beziehung steht oder in solche eintritt; und dasselbe macht sich praktisch dadurch geltend, dass er von seiner Unreinheit frei zu werden sucht, bevor er sich der Gottheit naht. Diesem Zwecke dienen im Alterthum gemäss der schon oben erwähnten Eigenthümlichkeit jener Zeit, geistige Vorgänge äusser-

[19]) Her. I, 132.
[20]) Her. VII, 43. Ueber die Religion der Parsen überhaupt cf. Ztschr. d. d. m. Ges. XX, 76 ff.

lich darzustellen oder zu symbolisiren, die äusserlichen Reinigungen, denen sich jeder vor den gottesdienstlichen Handlungen
unterziehen musste. So durfte bei den Israeliten niemand
im Tempel erscheinen oder gar eine gottesdienstliche Handlung
verrichten, ohne sich vorher gewaschen oder, je nach den Um-
ständen, gebadet und seine Kleider gereinigt zu haben. [21] Für
die Priesterschaft besonders war es Vorschrift, sich, bevor sie
in die Gotteswohnung gingen, an Händen und Füssen in dem
zu diesem Zwecke im Vorhofe aufgestellten ehernen Becken zu
reinigen, ,damit sie nicht sterben'. [22] Denn Jahve's Heiligkeit
wird der Unreinheit gegenüber zum verzehrenden Feuer. Der-
artige Reinigungen finden wir auch bei den Indern, Aegyptern,
Babyloniern, Arabern, Griechen und Römern. [23] Besonders
streng waren in dieser Beziehung die Perser und Inder. Bei
letzteren war die Reinigung ein wesentlicher Punct bei allen
gottesdienstlichen Handlungen, und waren deshalb bei jedem
Tempel heilige Badestellen. Ein lebendiges Bewusstsein von
der menschlichen Unreinheit und ein ebenso lebendiges Verlangen, von derselben frei zu werden, tritt uns besonders in den
Hymnen an Varuṇa, den gehaltvollsten im Rigveda, entgegen.
Man vergleiche dazu folgende Stelle: [24] „Und mit mir selber
überlegte ich dies: Wann kann ich nunmehr mit Varuṇa zusammen sein? Welches havya von mir genösse er nicht zürnend?
Wann könnt' ich wohlgemuth auf zu dem Freundlichen schauen?
— — — Sprich es mir aus (mein Vergehen), Unbethörbarer,
Göttlicher: sündelos, stark möcht ich zu dir mit Anbetung
kommen." Von den ägyptischen Priestern erzählt uns Herodot, [25] dass sie sich zweimal Tags und Nachts mit kaltem Wasser
waschen mussten. Ebenso ging bei den Griechen und Römern
niemand zum Opfer, ohne sich mit Wasser gereinigt zu haben.
Bei Homer [26] badet Penelope, bevor sie auf den Söller steigt,

---

[21] ex. XIX, 10, 1. Sam. XVI, 5, Jos. III, 5, II. chron. XXX, 17.
[22] ex. XXX, 19 ff. XL, 12 ff.
[23] Knobel, Comm. z. lev. XV, 11, 17—23.
[24] Rigveda, übers. v. Ludwig, Prag 1877, Bd. I, 102, 85; cf. 95,
92; 100, 83.
[25] Her. II, 37.
[26] Hom. Od. IV, 759. Il. VI, 266; XVI, 228, I, 314.

um zur Athene zu flehen; Hector scheut sich, dem Zeus mit
ungewaschenen Händen Wein zu sprengen; Achilleus wäscht
die Hände, ehe er dem Zeus seine Spende darbringt, und das
ganze Heer der Achaier reinigt sich auf Befehl des Agamemnon,
bevor es dem Apollo opfert. Zum Zweck der Reinigung stand
am Eingange der Tempel ein Gefäss mit Wasser zur Bespren-
gung der Eintretenden. Man verwendete hierzu am liebsten
Meerwasser wegen der reinigenden Kraft des Salzes; zu gleichem
Zwecke diente der Schwefel oder ein in das Wasser getauchter
Feuerbrand. [27]) Beim Beginn der Opfer pflegte ein Herold aus-
zurufen: τίς τῇδε; und erst dann, als man sich durch die
Antwort der Anwesenden: πολλοὶ κἀγαθοί vergewissert hatte,
dass kein Unreiner zugegen sei, nahm die heilige Handlung
ihren Anfang. [28]) In gleicher Weise wurden auch bei den
Römern vor Beginn des Opfers diejenigen, welche nicht würdig
waren der Gottheit zu nahen (profani), weggewiesen. [29])

Die besonderen Zwecke der einzelnen Opfer ferner sind
allen Völkern gemeinsam. Wie uns an den angeführten Beispielen entgegengetreten ist, opferte man theils in der allgemeinen Absicht, der Gottheit zu gedenken und durch Gaben
seine Frömmigkeit zu beweisen, theils in der besonderen, ihr
für empfangene Wohlthaten zu danken oder, wobei, wie wir
nachher sehen werden, ein Unterschied in der Anschauung der
Israeliten und der der übrigen Völker stattfindet, ihre Gunst
hinsichtlich eines zu erlangenden Gutes oder eines zu vermei-
denden Uebels zu erlangen. — Auch der bedeutungsvollste
Zweck des Opfers, die Sühne, lässt sich im ganzen Alterthum
nachweisen. Wie es bei den Israeliten des Blutes der Opferthiere bedurfte, damit die Schuld des Einzelnen oder der Gemeinschaft zugedeckt würde und der Heilige Israels sein Volk
und Heiligthum wieder als rein ansehen könnte, so reinigten
bei den übrigen Völkern die blutigen Opfer von begangenem
Frevel und schützten vor göttlicher Strafe. Beispiele möge man
mir an diesem Orte erlassen, da ich unten auf diesen Gegen-

---

[27]) Ovid Met. VII, 261. Hom. Il. XVI, 229. Verg. Aen. VI, 226.
Hermann a. a. O. 99 ff.

[28]) Suidas τίς τῇδε.

[29]) Tibull. Eleg. Nem. 11. Verg. Aen. VI, 258. Ovid. Met. X, 434.

stand näher eingehen werde. In diesen bei allen Völkern vor-
kommenden Opfern finden wir, wie in den Reinigungsgebräuchen
das Bewusstsein der menschlichen Unreinheit der reinen Gottheit gegenüber, das Gefühl der mehr oder minder tief aufge-
fassten Schuld, welches einerseits dem Menschen zum Bewusstsein bringt, dass er der göttlichen Strafe verfallen ist, und in
Folge davon andrerseits das Verlangen in ihm hervorruft, seiner
Schuld ledig zu werden. Und zwar ist es zumeist das Blut,
dem diese sühnende Kraft zugeschrieben wird. Bei den Israeliten wurde es, und zwar in verschiedener Stufenreihe, Gott
nahe gebracht, indem es an die heiligen Geräthe gestrichen
oder gesprengt wurde. So wurde dem Blute auch von Griechen,[30]) Römern[31]) und Phöniziern[32]) sühnende Kraft
beigelegt. Bei den Aegyptern scheint dies weniger der Fall
gewesen zu sein, da bei ihnen das Besprengen des Altars mit
Blut nicht Regel war, indem man das Blut auf den Boden
fliessen liess;[33]) doch spricht einigermassen für jene Anschauung
die bei ihnen übliche Sitte, das abgeschnittene Haupt des Thieres
feierlich mit dem Fluche zu belegen, der sie vielleicht treffen
könnte, · und dasselbe dann zu entfernen.[34]) Bei den Indern
finden sich von der Verwendung des Blutes zur Sühne sehr
wenig Beispiele; vielleicht dass der milde, weiche Character
derselben diesen Gebrauch perhorreszirte.

Was endlich das Blut dazu qualifizirt, die Schuld zu sühnen,
finden wir nur bei den Israeliten[35]) deutlich ausgesprochen.
Nach ihrer Anschauung ist es die im Blute enthaltene, als rein
gedachte Thierseele, welche die befleckte Seele des Menschen
vor Gottes Angesicht bedeckt. Bei den übrigen Völkern finden
wir diese Anschauung nicht. Hier mag wohl das naheliegende
allgemeine Gefühl massgebend gewesen sein, das strömende Blut,
mit dem zugleich das Leben des Opfers ausströmt, und das an
den ganzen, tiefen Ernst der Situation handgreiflich erinnert,
sei ungleich gewichtiger und wirksamer, als dem Pflanzenreiche
entnommene Opfer, denen jener ernste Character fehlt.

---

[30]) Herm. a. a. O. 127, 130.   [31]) cf. unten pag. 43.
[32]) Movers, Phoen., Bd. I, 306. I. reg. XVIII, 26.
[33]) Wilk. a. a. O. II, 355.   [34]) Her. II, 39.   [35]) lev. XVII, 11.

Dies wären die Punkte, in welchen die Verwandtschaft der mosaischen Opfer mit denen der übrigen Völker zu Tage tritt. Auf beiden Seiten liegen dieselben religiösen Ideen zu Grunde, welche zugleich die ursprünglichen Momente aller Religion bilden: das Bewusstsein der Abhängigkeit von der Gottheit und der Trieb, mit derselben in Gemeinschaft zu treten. Beides strebt im Opfer nach sichtlicher Darstellung, sei es auf besondere Veranlassung hin (Bitt-, Dank- auch Sühnopfer), sei es ohne dieselbe, lediglich zum Beweise pietätsvoller Gesinnung. Ferner fanden wir überall das Bewusstsein von der menschlichen Unreinheit und Schuld, die den Menschen einmal unwürdig machen, in die Nähe der Gottheit zu kommen, und für die er ihr andererseits mit seiner Person haftet. Hierin spricht sich aber eine allgemeine sittliche Vorstellung von der Gottheit aus.

Wie jedoch die allen Religionen gemeinsamen ursprünglichen Momente nach der verschiedenen, im Laufe der Zeit mehr und mehr ausgebildeten Eigenthümlichkeit der einzelnen Völker eine verschiedene Ausgestaltung erfahren haben, so hat sich auch die ursprünglich einfache Idee des Opfers im Zusammenhange mit den mannigfachen religiösen Anschauungen mit einem verschiedenartigen Inhalte bereichert, welche Verschiedenheit sich indessen in der Hauptsache nur auf das Verhältniss des mosaischen Opfers zu dem der übrigen alten Völker bezieht. Gehen wir jetzt auf diesen Unterschied näher ein.

Im Gegensatz zu den Israeliten zeigt sich bei allen jenen Völkern in der äusseren Physiognomie der Opferhandlung, besonders in der Beschaffenheit der Opferthiere eine deutliche Beziehung auf das Wesen der Gottheit, der das Opfer dargebracht wird. So opferte man bei Griechen und Römern den Göttern des lichten Himmels am hellen Tage und in weissen Gewändern; die Opferthiere waren hellfarbig, ihr Hals wurde bei der Tödtung aufwärts gebogen, ihr Blut wurde auf den Altar gesprengt, und zum Gebet hob man die Hände gen Himmel. Den Göttern der finsteren Unterwelt dagegen opferte man in der Dämmerung und in dunklen Gewändern; die Opferthiere waren schwarz, ihr Haupt wurde bei der Tödtung zur Erde geneigt, ihr Blut floss in eine Grube, und beim Gebet stampfte man den Boden mit den Füssen. Ferner opferte man den männlichen Gottheiten männliche, den weiblichen weibliche Thiere. Dem Zeus, dem Herrscher des lichten Himmels und dem strahlenden Helios opferte man weisse Stiere; der Hera, der Gattin des Himmelskönigs, brachte man Kühe dar; der jungfräulichen Athene junge, nie angejochte Kühe; der Liebesgöttin Aphrodite Tauben; dem Poseidon, dem Gott des dunklen Meeres, schwarze Stiere und Pferde, Symbole der stürmenden Wogen; der fruchtbaren Erdmutter Demeter Schweine[36]) und der Königin des öden Schattenreiches eine unfruchtbare Kuh. Ferner trugen die Priester und Theilnehmer am Opfer Kränze vom Laube des der betreffenden Gottheit geweihten und mit deren Wesen oder Leben in irgend einer Beziehung stehenden Baumes: für den Apollo Lorbeer-, für die Venus Myrthen-, den Bacchus Epheu-, den Neptun Fichten-, die Ceres Aehren- und für die unterirdischen Götter Taxuskränze.[37])

In gleicher Weise war bei den Phöniziern z. B. der vollwüchsige Ziegenbock wegen seiner zeugungsstarken Natur als Opfer für die Astarte, welche das empfangende und gebärende Naturprincip darstellte, besonders bevorzugt; und für diese war, gleichwie für die syrische Derketo, wegen der mit ihrem Begriff sich verbindenden Vorstellung des feuchten Elementes die Gans ein beliebtes Opferthier.[38]) — Die Aegypter ferner opferten den Gottheiten der See schwarze Vögel und dem rothen Typhon, der Personification der lebenvernichtenden Naturkraft, wie sie sich besonders in der Gluthhitze des Sommers zeigt, rothe Ochsen oder wohl auch rothhaarige Menschen. (cf.

---

[36]) Nach Ovid. Met. XV, 111 sollen die Schweine darum zum Opfer bestimmt worden sein, weil sie den Saaten den grössten Schaden zufügten, wie man ähnlich von dem dem Dionysos dargebrachten Bocksopfer geurtheilt hat. Hiernach würden den Göttern nicht bloss Thiere geopfert worden sein, die ihrem Wesen am meisten entsprachen, sondern auch solche, deren Thun und Treiben dem Wirken der betr. Götter hinderlich, und deren Tod denselben daher angenehm war.

[37]) Hom. Od. X, 528. Il. VI, 90, X, 292, III, 103. Verg. Aen. V, 237, 775. Georg. IV, 546. Ovid. Fast. IV, 629, Liv. XXIX, 27. Herm. a. a. O. 115 ff. Lasaulx, die Sühnopfer der Griechen und Römer etc. 269.

[38]) Movers, phoen. Texte II, 51, 55.

pag. 37.) Und am ersten Tage des Monats Phamenoth, an dem
der Mond als Vollmond das volle Licht der Sonne erhält,
welche Erscheinung man als das Hineinsteigen des Osiris (als
schaffende und belebende Naturmacht durch die Sonne reprä-
sentirt) in den Mond (Symbol der Isis) auffasste, opferte man
ein Schwein als Symbol der Fruchtbarkeit.[39]) — Betreffs der
Inder endlich fand ich ein ähnliches Beispiel,[40]) wonach als
Symbol des Varuna, des Gottes des Himmels, den man sich in
der Gestalt eines weissen, kahlen, gelbäugigen Mannes vorstellte,
ein ebenso aussehender Mann aus dem Brahmanengeschlechte
beim açvamedha geopfert wurde. Hierher gehört auch die auf
das Leben der Götter oder auf das Weltleben sich beziehende
symbolische Bedeutung der meisten indischen Opfer aus späterer
Zeit. So wird z. B. beim Beginn des Opfers von dem, der das
Opfer vollzieht, Wasser herbeigebracht. „Warum er Wasser
herbeibringt?" wird im Çatapatha Brâhmana gefragt. „Vom
Wasser ist dieses All durchdrungen, darum durchdringt er
durch diese erste Handlung das All", lautet die Antwort. Hierauf macht er Worfel und Schaufel heiss mit den Worten:
„Gebrannt ist das Raxas, gebrannt die Feinde etc." „Die
Götter nämlich, das Opfer zurichtend, fürchteten sich vor den
Asura und Raxas vor einem Zusammentreffen: hierdurch haut
er vor des Opfers Beginn die Unholde, die Raxas, weg". Ferner
soll die Reinigung des Wassers durch die Klärsiebe eine Remi-
niszenz an den Tod Vritra's durch Indra enthalten, der, er-
schlagen, sich stinkend nach allen Seiten hin ergoss zu den
Gewässern.[41]) Analoger Weise begingen die Aegypter das
grosse Fest zu Busiris als Trauerfest um den verloren gegangenen Osiris, indem sie beim Opfer wehklagend und sich
schlagend den Gott betrauerten; und zu Sais, wie überall in
Aegypten, brannten in einer Nacht Lampen beim Opfer zur
Darstellung des nächtlichen Suchens der Isis nach Osiris.[42])

---

[39]) Plut. de Is. XXXI, XLIII, Her. II, 47, Diod. Sic. I, 88, Wilk.
a. a. O. 354.

[40]) Ztschr. d. d. m. Ges. XVIII, 268, IX, 242, A. 1

[41]) Ztschr. d. d. m. Ges. IV, 290 ff, 14, 18, 22. II, 3, III, 4—6,
14—18, 24.

[42]) Her. II, 61, 62.

Endlich gehört hierher die Sitte der Griechen und
Römer, auch den Heroen Opfer darzubringen als Menschen,
denen nach dem Tode göttliches Wesen zu Theil geworden ist.
Ferner die der Aegypter, an der Grabkammer vor der Mumie
des Verstorbenen Spenden für denselben zu opfern, da die
Menschenseele als ein Theil göttlichen Wesens galt, der nach
einem den Göttern wohlgefälligen Leben wieder mit Osiris ver-
einigt wurde. [43]) Endlich die der Inder, den verstorbenen
Vätern Opfer darzubringen als den mit Brahma wieder vereinigten Seelen. [44])

Aus diesen Beispielen ergiebt sich, dass die Opfer jener
Völker in wesentlicher Beziehung zum Character der Gottheit
stehen, dass besonders die Opferthiere Symbole und Repräsen-
tanten der Götter sind und deren Wesen sich in ihnen reflectirt.
Darin spricht sich aber die Idee der Wesensverwandtschaft, ja
Wesensgleichheit des Göttlichen und Creatürlichen aus: Wesen
und Wirken der Götter fällt im Grunde zusammen mit dem
Wesen und Wirken der ihnen geweihten Geschöpfe, und hierin
tritt uns der Character jener Religionen als kosmischer oder
Naturreligionen entgegen. Die Götter derselben sind personifi-
zirte physische Potenzen. Aus der Mannigfaltigkeit dieser ergiebt
sich natürlich auch eine grosse Mannigfaltigkeit göttlicher
Wesen, weshalb denn alle jene Religionen nothwendig polythei-
stisch sind. Der Pantheismus (cf. die Mimansa der Inder) und
der Dualismus (cf. Parsen) gehören erst einer späteren Ent-
wicklungsstufe der betr. Völker an. Beim Opfer zeigt sich der
Polytheismus in handgreiflicher Weise darin, dass dasselbe je
nach der Veranlassung bald dieser, bald jener Gottheit an verschiedenen Orten und in verschiedener Weise dargebracht wird.

Bei den Israeliten dagegen bestimmt das mosaische Gesetz als den einzigen Ort, wo Opfer dargebracht werden dürfen,

---

[43]) Wilk. II, 381 ff. Duncker I, 57 ff.

[44]) Ztschr. d. d. m. Ges. IX, LX. Dies ist aber sicher nicht die
ursprüngliche Bedeutung dieser Opfer. Diese scheint vielmehr die gewesen zu sein, dass Speise und Trank den Entschlafenen, die als
die Hülflosesten am meisten der Fürsorge bedurften, zur Nahrung
dienen sollten, sobald sie dieselbe nöthig hätten. cf. Caspari, die Urgeschichte der Menschheit, I, 341 ff.

2*

den Vorhof des Nationalheiligthums, und es bedroht jedes anderweitige Vornehmen einer Opferhandlung mit dem Tode.[45]) Würde es nun auch der Idee des Monotheismus keineswegs zuwiderlaufen, Gott an mehreren Opferstätten zu verehren, so zeigt sich doch in jener Verordnung die Absicht des Gesetzgebers, das durch die Licenz in jenem Punkte erleichterte Eindringen der polytheistischen Culte zu verhüten und damit die alleinige Verehrung Jahve's sicher zu stellen. In Wirklichkeit freilich wurde dies Gesetz, meist in Folge politischer Verhältnisse, bis auf Hiskia's Zeit nie genau befolgt, am wenigsten im Zehnstämme-Reich.

Die Wahl des Opferthieres ferner richtet sich hier durchaus nicht nach irgend welcher Wesensbestimmtheit Jahve's, sondern in jüngerer Instanz nach dem spezifischen Zweck der Opferhandlung, zum Theil auch nach der Stellung des Opfernden in der Theocratie; in letzter Instanz aber ist sie bedingt durch den Willen Jahve's, der sie unabänderlich bestimmt hat.[46]) Eine Repräsentation Gottes durch ein natürliches Wesen ist ja auch durch den Monotheismus mit seinem geistigen Character an sich schon erschwert, und dazu reagirt auch das Gesetz eifrig gegen jede Verehrung Jahve's unter irgend einem Bilde.[47]) Gott ist der Heilige, d. h. der seinem Wesen nach von Allem ausser ihm absolut Verschiedene und Unabhängige und über aller Creatur absolut Erhabene.[48]) Wäre eine sinnliche Darstellung Jahve's möglich gewesen, so würde sich das noch zu sehr am Aeusseren, Greifbaren haftende Volk den dem Menschen sinnlich näher gerückten Göttern der Nachbarvölker nicht so oft zugewandt haben. Wir sehen hier die Geistigkeit des Gottes Israels und seine absolute Erhabenheit über allem Natürlichen gegenüber den mit dem Natürlichen mehr oder minder zusammenhängenden Götterwesen der kosmischen Religionen.

Hieraus ergiebt sich ein zweites unterscheidendes Merkmal. Sind jene Götter nicht schlechthin von dem Natürlichen, Geschöpflichen unterschieden, ist es im Grunde doch nur das

[45]) lev. XVII, 3 ff. deut. XII, 5 ff., 11 ff.
[46]) cf. die Opfergesetze lev. I — VIII und num. XV.
[47]) ex. XIX, 3 — 5, cf. deut. IV, 12 — 19. Jes. LX, 25.
[48]) ex. XV, 11, lev. X, 3, ψ. XCIX, 3, CXI, 9, Jes. XL, 25, LVII, 15.

Naturleben, welches ihr Walten zur Darstellung bringt, und sind sie in Folge davon dem Naturgesetz unterworfen, so besitzen sie auch nicht die absolute Selbständigkeit des über der Natur unendlich erhabenen Gottes Israels. Wenn aber die Gottheit in ihrem Walten von der Welt überhaupt beeinflusst wird, so kann sie auch nicht unzugänglich sein für Einflüsse von Seiten der Menschenwelt insbesondere, und die Menschen, die sich dessen bewusst sind, werden auf sie in ihrem Interesse einzuwirken suchen. Das vorzüglichste Mittel hierzu ist das Opfer, insofern dieses bei allen jenen Völkern zumeist eine Einwirkung auf die Gottheit bezweckt.

Am deutlichsten ausgesprochen und befolgt finden wir dies bei den Indern. Der Inder weiss sich von grossem Einfluss seinen Göttern gegenüber. Wie er sie durch die blosse Energie seines Willens im Gebet für seine Absichten gewinnt, so gewinnt er sie auch durch seine Opfer. Der Gott soll sich freuen über die schönen Gaben, die ihm die Menschen darbringen, und dafür desto bereitwilliger die Wünsche des Opfernden erfüllen. Und es ist auch gewiss, dass er sie erfüllt. Die Kraft diese Wirkung hervorzubringen hat vorzüglich der Saft der Soma-Pflanze, dessen berauschende Wirkung man in crass anthropopathischer Weise auf den Gott übertrug. „Indra, komm," heisst es im Rigveda,[49] „berausche dich am Safte an allen Gliedern des Somastengels, gross, ein Helfer durch Kräftigkeit. Lasst ihn zum Safte, den Erfreuer zum erfreuenden Indra, den Wirkenden zu dem, der alles bewirkt. Berausche dich, Kieferstarker an den erfreuenden Stoma, o Allmenschlicher, hier bei diesen Trankopfern anwesend. Ergossen haben sich die Lieder dir, o Indra, dir entgegen haben sie sich erhoben, eines Sinnes dem Stiere entgegen. Setze herwärts in Bewegung mannigfache, wünschenswerthe Gewährung, Indra, sie sei weit ausgedehnt, ausgezeichnet. Dabei, o Indra, bring uns zu Reichthum die Rührigen, von grosser Herrlichkeit du, die Herrlichen. Verleih uns breiten, hohen Ruhm, rinderreichen, Indra, reichen an Kraftnahrung, des ganzen Leben dauernden, nicht schwindenden."

---

[49] Ludwig, Rigv. II, p. 9, 448. cf. p. 6, 444. 8, 447. 39, 472. 41, 473. 72, 499. 77, 502. 95, 518. 121, 541. 159, 575. 191, 595. 229, 623. 289, 678.

In Folge des genossenen Trankes fühlt sich denn Indra mächtig aufgeregt: ‚Wie heftig schüttelnde Winde haben die Getrunkenen mich emporgebracht; „trank ich denn vom Soma nicht?" so frag ich. Empor haben die Getrunkenen mich gebracht, wie den Wagen rasche Rosse; „trank ich denn vom Soma nicht?" so frag ich.'[50]) In vielen vedischen Hymnen finden sich ähnliche Bitten an die Götter um Speise, grosse Heerden, schöne Kinder, langes Leben, Ruhm und Sieg, wofür ihnen dann Loblieder und Opfer in Aussicht gestellt werden.[51]) Auch in den Hymnen ernsteren und reiferen Inhalts, zumeist den an Varuna gerichteten, in denen sich ein lebhaftes Bewusstsein der Sünde und Verlangen nach Vergebung ausspricht, finden wir die Anschauung, dass der Mensch durch Gebet und Lieder den Willen der Gottheit umzustimmen vermag; so z. B. wenn es heisst:[52]) ‚Wie der Wagenlenker das angebundene Ross, so lösen wir zur Gnade, Varuna, deinen Sinn mit Liedern.' So erhalten die Menschen eine wirkliche Macht über ihre Götter: sie vermögen dieselben zur Erfüllung ihrer Wünsche zu bewegen, wenn sie es nur verstehen die Opfer in rechter Weise darzubringen und die Götter wirksam zu rufen. Diese Anschauung tritt bei den Indern in ungleich stärkerem Grade hervor, als bei irgend einem anderen Culturvolke; wir finden hier auch, wie sonst nirgends, eine Apotheose des (Soma-) Opfers[53]) und der Kraft des Gebets.

Ein ebenfalls grosses Bewusstsein ihres Einflusses auf ihre Götter haben die Aegypter. Leider kann ich zum Beweise aus dem ägyptischen Opfercult, soweit ich ihn kennen gelernt, kein besonders treffendes Beispiel anführen; ein von Wilkinson[54]) erwähntes Epigramm an die Isis, das sehr gut hierher passen würde, halte ich nicht für aegyptisch. Allein nach dem von Plutarch[55]) erzählten Verfahren der Aegypter, die Götter zur Erfüllung ihrer Wünsche zu bewegen, dürfen wir bei ihnen auch auf Opfer, welche einem ähnlichen Zwecke dienen, mit vollem Rechte schliessen. Bei einem ausserordentlichen Unglück

---

[50]) ib. 613, 976.
[51]) ib. II, 107, 528. 123, 542. 224, 616.
[52]) ib. I, 99, 82.
[53]) Pavamâna Soma ib. II, 419 ff. I, 192 ff.
[54]) a. a. O. I, 386.   [55]) de Is. LXXIII.

nämlich pflegten die ägyptischen Priester einige von den heiligen Thieren in aller Stille an einen dunkeln Ort zu führen und daselbst mit Drohungen zu schrecken; dauerte das Unglück trotzdem noch fort, so weihten sie dieselben dem Tode. Jene Drohungen galten natürlich indirect den Göttern, zu denen ja die heiligen Thiere, als das Wesen derselben darstellend, in naher Beziehung standen. Ja nach Wilkinson, [56]) der es dem Porphyrius nacherzählt, sollen die Aegypter die Götter selbst, wenn sie ihren Wünschen zuwider handelten, mit Kundmachung ihrer Mysterien u. A. bedroht haben.

Bei den Griechen ferner gilt das Wort Hesiod's: [57]) ‚δῶρα θεοὺς πείθει, δῶρ' αἰδοίους βασιλῆας'. cf. das Wort Homer's: [56]) ‚στρεπτοὶ δέ τε καὶ θεοὶ αὐτοί — — — καὶ μὲν τοὺς θυέεσσι καὶ εὐχωλῆς ἀγανῇσιν λοιβῇ τε κνίσῃ τε παρατρωπῶσ' ἄνθρωποι — —.' Hierzu vergleiche man noch die Ausdrücke ἱλάσκεσθαι τοὺς θεοὺς, deum placare, numen sibi propitium reddere. [59])

Dem übrigen Alterthum ist eine gleiche Anschauung nicht fremd. [60]) Allenthalben werden in Geschichtswerken da besonders Opfer erwähnt, wo über ein Volk ein grosses Unglück bereits hereingebrochen ist oder hereinzubrechen droht, oder ein wichtiges, entscheidendes Ereigniss, z. B. eine Schlacht nahe bevorsteht; und diese dann besonders grossen Opfer bezwecken nichts Anderes, als die Gottheit günstig zu stimmen, sei es zur Abwehr der gefürchteten Noth, sei es zur Verleihung des gewünschten Sieges. — Diese Opfer sind zugleich Sühnopfer. Denn da man das hereingebrochene oder bevorstehende Unglück als Schickung der über irgend welche Vergehen in Zorn gerathenen Gottheit ansah, so musste vor allem dieser Zorn besänftigt werden. Darum brachten die Phönizier bei grossen Unglücksfällen Massenopfer der theuersten Kinder dar [61]) und weihten sich edle Römer dem Tode. So weiht sich Curtius zur Sühne

---

[56]) a. a. O. I, 426 ff.   [57]) Herm. a. a. O. 107.
[56]) Il. IX, 497 ff. cf. I, 39 ff. X, 293. Her. I, 87.
[59]) Hes. ἔργ. κ. ἡμ. 336. Plin. H. N. VIII, 72. Ovid. Met. VII, 251. Verg. Aen. II, 116.
[60]) cf. Diod. Sic. II, 29.
[61]) cf. unten p. 36.

für das grosse Schreckenszeichen den unterirdischen Göttern[62]) und ebenso Decius[63]) Angesichts der Feinde, um alle von den Göttern des Himmels und des Schattenreichs drohenden Gefahren auf sich allein abzulenken. In diesen Beispielen spricht sich deutlich die Anschauung aus, dass der Mensch durch eine Leistung seinerseits auf das Verhalten der Gottheit gegen ihn und Andere einen Einfluss auszuüben vermag. Zu beachten ist hierbei noch, dass der Zorn der Gottheit bei dieser Anschauung ganz pathologisch aufgefasst ist, was einmal solche Ausdrücke zeigen, wie placare deum, und dann die ausgesprochene Absicht jener Todesweihungen. Denn der Zorn, der durch eine Gabe beschwichtigt, oder der auf das ihm geweihte Opfer abgeleitet wird, kann nicht anders als pathologisch gedacht sein.

Anders verhält es sich bei den Israeliten. Auf Gott, den absolut Erhabenen und den Allmächtigen, kann der Mensch nicht willkürlich einwirken. Dies Bewusstsein spricht schon Abraham aus,[64]) der, in der Gegenwart des gewaltigen Gottes lebhaft daran erinnert, dass er Staub und Asche ist, nur scheu und zögernd seine Fürbitte für die Sodomiter wagt. Bei Jesaja[65]) ferner ist der Mensch eine Scherbe unter den Scherben der Erde und besitzt seinem Schöpfer gegenüber nicht mehr Selbständigkeit, als der Thon in der Hand des Töpfers. ‚Schaue den Himmel‘, spricht Elihu zu Hiob,[66]) ‚und siehe! Blicke zu den Wolken; hoch sind sie über dir! Wenn du sündigest, was thust du ihm? Sind deine Vergehen viel, was schadest du ihm? Bist du gerecht, was giebst du ihm, oder was empfängt er aus deiner Hand?‘ Und Gott lässt der Dichter im Psalm[67]) reden: ‚Wer that mir etwas zuvor, das ich vergelten müsste? Unter dem ganzen Himmel ist Alles mein!‘ Gott ist der Alles allein Bestimmende, und darum sind die gottesdienstlichen Handlungen wirksam nicht in Folge menschlicher Kraft, sondern nach dem Willen Gottes. Zwar ist das Opfer zunächst eine menschliche Leistung; allein nicht in dem

---

[62]) Liv. VII, 6.   [63]) id. VIII, 9. X, 28.   [64]) gen. XVIII, 27.
[65]) XLV, 9 ff.   [66]) XXXV, 5 ff.
[67]) XLI, 3. cf. VIII, 5. CXV, 3. CXXXV, 6. Jer. XXXII, 17.

Sinne, als ob der Mensch sich dadurch ein Verdienst erwürbe, das Gott zu belohnen hätte. Vielmehr ist das Volk durch das Gebot Gottes, der gerade diesen Ausdruck der frommen Gesinnung fordert, verpflichtet ihm Opfer darzubringen; und somit beruht die segensreiche Wirkung des Opfers nicht im menschlichen Thun, sondern in der göttlichen Stiftung. Darum kann auch von eigentlichen Bittopfern, wie solche von den anderen Völkern dargebracht wurden, im israelitischen Cultus nicht die Rede sein.[68] Zwar ist sich der Israelit wohl bewusst, dass er

---

[68]) Allerdings kommen im A. T. einige Opferhandlungen vor, die ganz das Aussehen von Bittopfern haben; so iud. **XX**, 26, 1. Sam. VII, 8 ff. XIII, 8 ff. II. Sam. XXIV, 25, bei welchen Stellen wir etwas verweilen wollen. An der ersten Stelle ziehen alle Söhne Israels, nachdem ein Theil von ihnen von den Benjaminiten geschlagen ist, gen Bethel. Dort weinen sie, bleiben vor Jahve, fasten bis zum Abend, opfern und fragen dann Jahve durch den Hohenpriester, ob sie zum Kampfe ausziehen sollen. Der Gedanke an eine Einwirkung auf den Willen Gottes liegt hier durchaus nicht vor. Denn erstens bittet das Volk nicht, sondern es lässt Gott nur fragen; und dann liegt in diesem Befragen deutlich ausgedrückt, dass die Entscheidung Gott allein überlassen wird. Der Erfolg selbst, sobald er erlangt ist, stimmt das Volk nur traurig. In so schwerer Lage, wie die vorliegende ist, kommt es dem Volke zuerst und vor allem darauf an, mit Gott die Bundesgemeinschaft aufrecht zu erhalten (cf. oben im Text), weil von dem Vollzug oder der Vernachlässigung derselben Wohl und Wehe abhängt. Als Mittel des Vollzugs hat Gott aber das Opfer bestimmt, sei es wegen des darin enthaltenen thatsächlichen Beweises der frommen Gesinnung überhaupt, sei es wegen der mit jedem Opfer verbundenen Bedeckung der die Bundesgemeinschaft aufhebenden Sünde. I. Sam. VII, 8 findet derselbe Vollzug statt, auf Grund dessen erst Samuel für das Volk beten kann. Anders verhält es sich mit I. Sam. XIII, 8 ff. Hier nämlich berechtigt die ängstliche Ungeduld Sauls, der gegen das Gebot Samuels das Opfer darbringt, eher zu der Annahme, er habe durch sein Opfer eine Einwirkung auf Gott ausüben wollen. Aber die harte Strafe, in die er deswegen verfällt, zeigt, ein wie grosses Unrecht er in den Augen Samuels, des von Gott inspirirten Propheten, begangen hat. Die Nähe der Feinde ist für Samuel kein Grund zur Entschuldigung; er weiss, dass diese nichts vermögen ohne Willen Jahve's, und XV, 22 betont er ausdrücklich, dass Gehorsam gegen Gott besser sei, als Opfer. II. Sam. XXIV, 25 endlich opfert David aus Anlass der Pest und betet dann zu Gott, worauf sein Gebet erhört und der Plage gewehrt wird. Hier

ohne Jahve's Hülfe nichts vermag; dieselbe ist ihm aber gewiss, wenn er die Bundesgemeinschaft mit Jahve aufrecht erhält; denn wenn sich Israel als Volk Jahve's zeigt, zeigt sich auch Jahve als seinen Gott. Sehr bezeichnend hierfür ist die Stelle deut. XX 2ff., wo für den Fall, dass Israel in den Kampf zieht, keine Opfer verordnet werden, sondern die feierlichen Ermahnungen des Priesters und dessen tröstender Hinweis auf die Hülfe Jahve's, der mit seinem Volke in den Krieg ziehen will. — Ferner wird auch die Sühne nicht durch eine Einwirkung auf den Willen Gottes erlangt. So will Moses ex. XXXII 30 zu Jahve hinaufsteigen, ob er die grosse Sünde, die das Volk durch seine Abgötterei begangen, ‚vielleicht' bedecken könne. Diese Bedeckung hofft er als Folge seiner Fürbitte; aber in dem Ausdruck אולי, der den Erfolg nur als einen möglichen hinstellt, spricht sich zugleich das Bewusstsein aus, dass die Sühne allein von Gottes freier Entscheidung abhängt. Hier haben wir auch ein interessantes Gegenstück zu jenen römischen Todesweihen. v. 32 nämlich bittet Moses Gott, dem Volke die Sünde zu vergeben, oder ihn aus dem Buche, in welches er die Seinen eingeschrieben habe, auszulöschen, mit anderen Worten, seinem Zorn an ihm Genüge zu thun. Gott nimmt aber dies Opfer nicht an, da er die Schuldigen selbst bestrafen will. In der Annahme jenes Anerbietens läge die praktische Anerkennung, dass der Mensch durch eine Leistung seinerseits den Willen Gottes umzustimmen vermöge.[69] Object der Sühne ist nie Gott oder etwas an ihm, sondern stets der Opfernde und seine Sünde. Es heisst stets ‚die Sünde bedecken vor Jahve' oder ‚Angesichts Jahve's'.[70] Und dies Bedecken geht einzig und allein von Gott aus; die Priester bedecken nur im Auftrage Jahve's als die von ihm verordneten Mittler. Diese Bedeckung setzt zwar die Darbringung des Opfers als Bedingung voraus, indem der Opfernde dadurch bekundet, dass er als ein

---

kommt ausser dem vorhin Gesagten noch in Betracht, dass David das Opfer darbringt auf Geheiss des von Jahve beauftragten Propheten und nicht nach eignem Ermessen.

[69] cf. Riehm, der Begriff der'Sühne im A. T. Osterprogramm, Halle 1876.

[70] lev. V, 26, X, 17, XIV, 18, 29, 31 u. A.

Unreiner die Bedeckung nachsuche. Der Vollzug derselben aber bleibt immer das Werk Jahve's. —

Da die Sühne in den anderen Religionen wesentlich in einer dem Zorne der Gottheit geleisteten Genugthuung bestand, so fällt hier in einen Begriff zusammen, was im Mosaismus als Sünd- und Schuldopfer, חטאת und אשם, deutlich von einander geschieden ist. Beim Sündopfer nämlich waltet der Zweck vor, den durch Unreinheit verloren gegangenen Character der Heiligkeit für das Volk und die Gotteswohnung wieder herzustellen und dadurch den Fortbestand der Bundesgemeinschaft mit dem heiligen Gott zu sichern. Beim Schuldopfer kommt weniger der Gesichtspunkt der Unreinheit in Betracht, als der der Verletzung der Eigenthumsrechte Jahve's oder der Bundesgenossen. Dies Opfer ist eine von Gott geforderte Genugthuung der Bundesordnung gegenüber, damit dieser der Character der Unverletzlichkeit gewahrt bleibe. [71])

Noch ein andrer Unterschied der religiösen Auffassung lässt sich aus der bisher behandelten Eigenthümlichkeit der beiderseitigen Opfer aufweisen. Wenn nämlich in den kosmischen Religionen jene Opfergattung, das Bittopfer, den Zweck hatte, die Götter für die an sie gerichteten Bitten geneigt zu machen, so fehlt dort offenbar das Vertrauen, dass die Gunst der Götter gegen die Menschen eine dauernde, unveränderliche sei; denn eine solche brauchte nicht erst erworben zu werden. So zeigt sich z. B. im Homer keiner der Götter wankelmüthiger, als gerade der Herrscher aller selbst, Zeus, auf dessen Willen besonders Frauen einen grossen Einfluss ausüben. Der Glaube an eine constante Fürsorge der Gottheit für die Menschen vertrüge sich auch nicht mit dem Wesen des Polytheismus. Denn wo die Gottheit aus einer Anzahl einzelner göttlicher Wesen mit verschiedenen, einander oft feindseligen Characteren besteht, demzufolge die Götter selbst Mühen und Leiden unterworfen sind und für ihre eigene Existenz zu kämpfen haben (cf. z. B. Osiris, Baal-Melkart), da kann von jener Fürsorge nicht die Rede sein. Und ebensowenig kann der Mensch dies Vertrauen haben, da er nie sicher weiss, welcher von allen Göttern eigent-

---

71) lev. V, 14, VII, 1 ff, num. V, 5 ff.

lich der mächtigste ist, in dessen Schutz er vor den Angriffen
der feindlichen Mächte sicher sein könne. Darum sucht er bald
diese, bald jene Gottheit für sich zu gewinnen; ja er begnügt
sich nicht mit den heimathlichen Göttern, sondern zieht auch
die der auswärtigen Völker in den Kreis seiner Verehrung.

Der Gott der Israeliten dagegen ist ein einiger, ausser
dem es keinen mehr giebt. Wie er absolut erhaben ist über
allem Sein ausser ihm und absolut selbständig, so ist er auch
unveränderlich nach seinem Wesen und seiner Gesinnung. Was
er zusagt, das hält er gewiss, und darum kann sich der Israelit
fest auf ihn verlassen. Aber nicht in ihrem reinen Monotheismus allein ist der Grund zu suchen, warum die Israeliten nicht
ungewiss über die Gesinnung ihres Gottes sind und ihn deshalb,
so oft es nöthig erscheint, für sich zu gewinnen suchen. Denn
gerade wegen seiner Unwandelbarkeit könnte Gott ihnen ja als
sündigen Menschen stets seinen Zorn fühlen lassen. Vielmehr
beruht jene Gewissheit des Israeliten von der Treue seines
Gottes gegen ihn auf dem Bundesverhältniss, das Gott mit
Abraham und seinen Nachkommen zur Gründung seines Reiches
eingegangen ist, und demzufolge er trotz aller Untreue seines
Volkes in Wahrhaftigkeit und Treue seine Verheissungen erfüllt.
Hält der Israelit diesen Bund aufrecht, welchem Zwecke die
gottesdienstlichen Institute, besonders die Opfer, dienen, dann
ist er der Gunst seines Gottes sicher und braucht dieselbe nicht
erst durch bestimmte Leistungen zu erlangen zu suchen. [72])

Bei den anderen Völkern finden wir ferner trotz der Hin-
gabe des Opfers nicht einmal die Gewissheit, dass dasselbe den
Göttern auch angenehm ist, so dass sie die Wünsche des Opfern-
den erfüllen. Der Israelit weiss, dass sein Opfer Gott wohl-
gefällig ist, wenn es genau nach der Vorschrift, wie sie das
Gesetz enthält, dargebracht wird. Jene aber, denen eine solche
Gewissheit über den Willen ihrer Götter fehlt, suchen denselben
durch gewisse äusserliche Mittel erst zu erforschen, um der
Wohlgefälligkeit ihrer Opfer und damit der Erfüllung ihrer
Bitten gewiss zu werden. Die kunstgemässe Anwendung solcher
Mittel zur Erforschung des Willens der Gottheit, die Mantik,

---

[72]) deut. IV ff..

spielt daher eine grosse Rolle bei den meisten Opfern im Polytheismus. Am bekanntesten ist uns die Sitte der Griechen und Römer; noch ausgedehnter als deren Opferschau soll nach Movers die der Phönizier gewesen sein.[73]) Man beobachtete nämlich, dem kosmischen Character der Götter ganz entsprechend, das Gebahren und die innere physische Beschaffenheit der Opferthiere: ihr freiwilliger Gang zum Altar, ihr — meist künstlich bewirktes — Nicken waren gute Zeichen;[74]) vor Allem aber wurde nach der Beschaffenheit der Eingeweide, besonders der Galle und der Leber, der Rath der Gottheit gedeutet.[75]) Waren die Zeichen nicht günstig, so wurde das Opfer so lange wiederholt, bis man auf günstige Zeichen traf, wie u. A. das Beispiel des Pausanias[76]) zeigt, der bei Plataeä mit seinen Spartanern den Angriff verzögert, weil die Opfer nicht günstig ausgefallen sind, und noch beim Opfer beschäftigt ist, während schon die Pfeile der Perser in die Reihen der Spartaner fliegen. An solchen Beispielen zeigt sich die grosse Energie, mit welcher der Opfernde Aufschluss über den Willen der Gottheit zu erhalten suchte, sowie die ängstliche Scheu, etwas ohne die Zustimmung derselben zu unternehmen; wenngleich andrerseits in einer solchen Anwendung äusserlicher Mittel zur gelegentlichen Erforschung des Willens der Gottheit sich wieder eine gewisse Willkür und Eigenmächtigkeit des Menschen seinen Göttern gegenüber ausspricht, die derselbe durch Beharrlichkeit sogar zwingen kann, ihm ihren Willen in der gewünschten Weise kund zu thun. Diese Mantik kennt der mosaische Kult nicht, wenn man nicht etwa die damit in keiner Beziehung stehenden und überdiess bald ausser Gebrauch gekommenen Urim und Thummim anführen will; vielmehr verbietet das Gesetz bei Todesstrafe alle Zeichendeuterei als Beeinträchtigung der Majestät Jahve's.[77]) Es liegt ja auch im Verhält-

---

[73]) Phoen. Texte II 65 ff., 72.

[74]) Man vergleiche hierzu die Ausdrücke $\varkappa\alpha\lambda\grave{\alpha}\ \tau\grave{\alpha}\ \iota\varepsilon\varrho\grave{\alpha}\ \gamma\iota\gamma\nu\varepsilon\tau\alpha\iota$, oder $\tau\grave{\alpha}\ \iota\varepsilon\varrho\grave{\alpha}\ \gamma\iota\gamma\nu\varepsilon\tau\alpha\iota$.

[75]) Soph. Ant. 998 ff. Eur. El. 828. Verg. Aen. IV 64. V 773. Herm. a. a. O. 128, 183. 187.

[76]) Her. IX 61, 62.

[77]) lev. XIX 26, 31. XX 27, deut. XVIII 9 ff.

niss des Bundesvolkes zum Bundesgott, dass Ersteres nicht
nöthig hat, sich in Ungewissheit über den Willen seines Gottes
jener Mittel zur Erforschung desselben zu bedienen.

Mit diesem Bundesverhältniss hängt es endlich zusammen,
wenn etwaige unbemerkte rituelle Versehen dem Volke nicht
angerechnet werden und die Wirkung des Opfers nicht ver-
eiteln. Denn als Bundesgott übersieht Jahve die unwissentlichen
Verfehlungen im Cerimoniell um der Priesterschaft, besonders
des zum heiligen, mittlerischen Vertreter erwählten Hohenpriesters
willen. [76]) Bei den andern Völkern dagegen herrscht die grösste
Aengstlichkeit in der Beobachtung des Cerimoniells, da man
glaubte, dass auch das geringste Versehen das Opfer untauglich
mache. Bekannt ist die grosse Gewissenhaftigkeit der Römer
in diesem Punkte; man vergleiche dazu noch die oben erwähnten
scrupulösen Untersuchungen der Opferthiere seitens der Aegypter und Phönizier, sowie die äusserst minutiösen Regeln der
Brahmanen über das Opferritual. [79]) Von Letzteren wird dem
entsprechend die Unsterblichkeit oder wenigstens langes Leben
dem verheissen, der die richtige Kenntniss des Cerimoniells
besitzt und anwendet; wem dieselbe aber fehlt, der geht rasch
vor abgelaufener Lebenszeit hinüber in jene Welt, wo er auf
einer Wage gewogen wird. [80])

Blicken wir jetzt wiederum auf den äusseren Vollzug der
Opfer zurück, so entdecken wir einen anderen wichtigen Unter-
schied der beiderseitigen religiösen Auffassung. Bei den Israe-
liten bringt der Opfernde das Opferthier in die Nähe des
Altars, wodurch er seine Absicht kund giebt, dasselbe Jahve
zu weihen; nachdem er es dann geschlachtet und sich damit seines
Eigenthumsrechts auf dasselbe begeben hat, nimmt es der
Priester in Empfang und übergiebt es Gott auf dem Altar.
Diese Uebergabe kann nur durch den Priester geschehen; der
Mann aus dem Volke darf bei Todesstrafe die heilige Stätte
nicht berühren. Durch diese Bestimmung des Gesetzes wird
dem Israeliten das Bewusstsein von der Heiligkeit Gottes und

---

[76]) ex. XXV 38, lev. XXVIII 38, num. XVIII 1 ff.
[79]) Ztschr. d. d. m. Ges. IX, p. XXXVI ff. XLIII ff.
[80]) ib. IX 238, I 77.

der Unreinheit des Menschen lebendig erhalten. Jahve ist zwar der Gnädige und Herablassende, der Israel zu seinem Bundesvolke erwählt hat; aber er bleibt dabei immer der Heilige, dem nur der Reine nahen darf. Daher hat er sich, um mit dem Volke, das der Heiligkeit noch ermangelt, in Gemeinschaft stehen zu können, die Priesterschaft erwählt, die als besonders heilig und ihm nahe stehend den Verkehr zwischen ihm und dem Volke vermitteln soll. Sie darf auf Grund ihrer Erwählung Gott nahen, den Mann aus dem Volke dagegen, der dies wagt, trifft wegen dieser Nichtachtung der heiligen Majestät Jahve's der Tod. [81]) So ist dem Israeliten der Gegensatz zwischen dem heiligen Gott und dem unreinen Menschen und das Bewusstsein seiner Sündhaftigkeit stets gegenwärtig. Anders ist es bei den übrigen Völkern. Hier finden wir nicht das ausdrückliche Verbot, sich von der heiligen Stätte fern zu halten; einem solchen würden auch die uns erhaltenen antiken Darstellungen von Opferhandlungen widersprechen. Zwar mussten die Opfernden rein sein, weswegen der heiligen Handlung ein Reinigungsact vorherging, auf Grund dessen sie berechtigt waren der Gottheit zu nahen. Der Israelit dagegen durfte auch trotz der für's Opfer erforderlichen levitischen Reinheit nicht in die unmittelbare Nähe Jahve's kommen. Wenn wir daher auch jenen Völkern ein Bewusstsein von der Reinheit der Gottheit und der Unreinheit der Menschen nicht absprechen können, so müssen wir dasselbe doch für minder tief halten, als das des Israeliten. Ihnen allen fehlt die jenem eigenthümliche Idee der absoluten Heiligkeit der Gottheit, ohne welche der sittliche Abstand zwischen dieser und dem Menschen nicht voll und tief erfasst werden kann. Wie sollten sie sich auch die Gottheit als absolut heilig vorstellen, da dieselbe nicht absolut über der Natur und der Menschenwelt erhaben, sondern diesen wesensverwandt ist? Der sittliche Character der Götter entspricht daher dem Character der betreffenden Völker: üppig und grausam z. B. erscheinen die Götter der semitischen Stämme, dem heiteren Lebensgenuss ergeben die der Griechen. Nur die Parsen haben eine viel reinere sittliche Auffassung der Gott-

---

[81]) num. XVIII 22 ff. I. Sam. VII 9 ff. II. Sam. VI 6 ff.

heit, wenngleich in Folge ihres eigenthümlichen Dualismus ein Schuldbewusstsein fast gar nicht vorhanden ist.

Dem Bewusstsein der absoluten Erhabenheit und Heiligkeit Jahve's entsprechend zeigt denn auch das israelitische Opfer stets den Ausdruck tiefer Ehrfurcht vor Gott. Beim Sünd- und Schuldopfer scheint sich dies von selbst zu verstehen; es ist aber auch beim Friedensopfer der Fall, das doch seiner Natur nach einen freudigen Character trägt. Bei diesem Opfer näm- lich wurde das Fleisch, nachdem, was wohl zu beachten ist, die blutige Sühne vorhergegangen war, zu einer Opfermahlzeit verwendet, die zu Ehren Jahve's bereitet wurde. Nur an heiliger Stätte durfte man dies Mahl halten, und es durfte davon nichts umkommen oder zu profanem Gebrauche verwendet werden; denn es war ein heiliges Mahl. Angeordnet ist dasselbe ausdrücklich deshalb, dass die Israeliten an heiliger Stätte sich vor Jahve, ihrem Gott, freuen sollen, eingedenk des Segens, den er ihnen verliehen hat. Dass es sich hierbei nach dem Gesetz nicht um ein fröhliches Mahl als solches allein handelt, sondern wesentlich um die Freude der Gemeinschaft mit Gott und die Dankbarkeit für seinen Segen, zeigt sich in der Bestimmung betreffs der Friedensopfer am Wochen- und Laubhüttenfeste,[82] dass nämlich der Opfernde zu dem Mahle sein ganzes Haus sammt Knechten und Mägden, die Leviten, sowie Waisen, Wittwen und Fremdlinge einladen soll, eingedenk der Vergangen- heit, wo er ein Knecht und Fremdling war in Aegypten. Dieses Mahl dient auch in poetischen Stellen zur Versinnbildlichung der höchsten Freude in Gott.[83]

Einen mehr heiteren, oft in's Profane übergehenden Cha- racter tragen dagegen trotz des festlichen Anstrichs die Opfer- mahlzeiten der anderen Völker. Heiter ist vor allen der griechische Kult. Festlich bekränzt umkreisten die Fest- genossen im Reigen das brennende Opfer und vergnügten sich dann in der Zeit zwischen dem Opfer und der Mahlzeit an Gesang, Tanz, körperlichen Uebungen und auch Neckereien.[84]

---

[82] deut. XII 6—12, XVI 11 ff.

[83] ψ XXII 26 ff. Jes. XXV 6 ff.

[84] Herm. a. a. O. 132.

Bei der Mahlzeit selbst pflegten sie sich dann etwas Ordentliches
zu Gute zu thun. So schmausen Il. I 457 ff die Griechen, nachdem sie dem Apollo die Sühnhekatombe dargebracht, nach
Herzenslust, und nachdem sie sich gesättigt, füllen sie die Becher
und singen den Preis des Gottes, bis der Tag sich neigt. Und
das Opfer war ein Sühnopfer. Aehnlich Od. III, 1 ff. Hier bringt
das Volk von Pylos dem Poseidon am Morgen ein Opfer dar,
und das Mahl dehnt sich unter wechselseitigen Gesprächen der
Betheiligten aus, bis die Sonne in's Meer untertaucht, so dass
zuletzt Athene selbst zum Aufbruch mahnt, da sich längeres
Sitzen am Mahle der Unsterblichen nicht zieme. Mit jedem
Opfer scheint ein Schmaus verbunden gewesen zu sein, da auch
im griechischen Sprachgebrauch beide Begriffe sich durchkreuzen,
($\vartheta v\sigma i\alpha$ = Opfer und = Schmaus). Ja Athenäus [85]) führt, indem
er über diese Sittet spottet, einen Witz des Aristoteles an, der
$\tau\grave{o}\ \mu\varepsilon\vartheta\acute{v}\varepsilon\iota\nu$ herleitet von $\mu\varepsilon\tau\grave{\alpha}\ \tau\grave{o}\ \vartheta\acute{v}\varepsilon\iota\nu$. — Aehnlich sollen
die Aegypter, deren Kult sonst ein sehr ernster ist, am Feste
der Hathor zu Bubastis mehr Wein an einem Tage getrunken
haben als sonst im ganzen Jahre. [86]) — Die Vorschrift, dass
das Opferfleisch nicht zu profanem Gebrauche aufbewahrt werden
sollte, findet sich nur noch bei den Phöniziern [87]). Die Baby-
lonier dagegen verkauften es, und ihre Weiber salzten davon
ein. [88]) Verkauft wurde das Opferfleisch auch bei Griechen
und Römern, z. B. in der ersten christlichen Zeit. [89])
Der hohen Ehrfurcht des Israeliten vor Gott entspricht
es auch, wenn bei ihm die Opfermahlzeiten viel seltener vorkommen, als bei den anderen Völkern, indem das Opferthier
theils als כליל ganz vom Feuer des Altars verzehrt wurde,

---

[85]) Athen. deipn. ep. lib. II 12. $\Sigma\acute{\varepsilon}\lambda\varepsilon v\varkappa o\varsigma\ \delta\acute{\varepsilon}\ \varphi\eta\sigma\iota,\ \tau\grave{o}\ \pi\alpha\lambda\alpha\iota\grave{o}\nu$
$o\mathring{v}\varkappa\ \varepsilon\mathring{\iota}\nu\alpha\iota\ \mathring{\varepsilon}\vartheta o\varsigma,\ o\mathring{v}\ \tau'\ o\mathring{\iota}\nu o\nu\ \mathring{\varepsilon}\pi\grave{\iota}\ \pi\lambda\varepsilon\widetilde{\iota}o\nu,\ o\mathring{v}\ \tau'\ \mathring{\alpha}\lambda\lambda\eta\nu\ \mathring{\eta}\delta v\pi\acute{\alpha}\vartheta\varepsilon\iota\alpha\nu\ \pi\rho o\varsigma$-
$\varphi\acute{\varepsilon}\rho\varepsilon\sigma\vartheta\alpha\iota,\ \mu\grave{\eta}\ \vartheta\varepsilon\widetilde{\omega}\nu\ \mathring{\varepsilon}\nu\varepsilon\varkappa\alpha\ \tau o\widetilde{v}\tau o\ \delta\rho\widetilde{\omega}\nu\tau\alpha\varsigma.\ \delta\iota\grave{o}\ \varkappa\alpha\grave{\iota}\ \vartheta o\acute{\iota}\nu\alpha\varsigma\ \varkappa\alpha\grave{\iota}\ \vartheta\alpha\lambda\acute{\iota}\alpha\varsigma,$
$\varkappa\alpha\grave{\iota}\ \mu\acute{\varepsilon}\vartheta\alpha\varsigma\ \mathring{\omega}\nu\acute{o}\mu\alpha\zeta o\nu\cdot\ \tau\grave{\alpha}\varsigma\ \mu\grave{\varepsilon}\nu,\ \mathring{o}\tau\iota\ \delta\iota\grave{\alpha}\ \vartheta\varepsilon o\grave{\iota}\varsigma\ o\mathring{\iota}\nu o\widetilde{v}\sigma\vartheta\alpha\iota\ \delta\varepsilon\widetilde{\iota}\nu\ \mathring{v}\pi\varepsilon\lambda\acute{\alpha}\mu$-
$\beta\alpha\nu o\nu\cdot\ \tau\grave{\alpha}\varsigma\ \delta',\ \mathring{o}\tau\iota\ \vartheta\varepsilon\widetilde{\omega}\nu\ \chi\acute{\alpha}\rho\iota\nu\ \mathring{\eta}\lambda\acute{\iota}\zeta o\nu\tau o\ \varkappa\alpha\grave{\iota}\ \sigma\iota\nu\acute{\eta}\varepsilon\sigma\alpha\nu,\ \tau o\widetilde{\iota}\tau o\ \gamma\acute{\alpha}\rho\ \mathring{\varepsilon}\sigma\tau\iota$
$\tau\grave{o}\ ,\delta\alpha\widetilde{\iota}\tau\alpha\ \vartheta\acute{\alpha}\lambda\varepsilon\iota\alpha\nu',\ \tau\grave{o}\ \delta\grave{\varepsilon}\ \mu\varepsilon\vartheta\acute{v}\varepsilon\iota\nu\ \varphi\eta\sigma\grave{\iota}\nu\ \mathring{A}\rho\iota\sigma\tau o\tau\acute{\varepsilon}\lambda\eta\varsigma,\ \tau\grave{o}\ \mu\varepsilon\tau\grave{\alpha}\ \tau\grave{o}\ \vartheta\acute{v}\varepsilon\iota\nu$
$\alpha\mathring{v}\tau\widetilde{\omega}\ \chi\rho\widetilde{\eta}\sigma\vartheta\alpha\iota.$
[86]) Her. II 60.
[87]) Movers phoen. Texte II 118.
[88]) ib.
[89]) I. Cor. VIII 1 ff. X 25, 27.

welches Opfer man als vollkommensten Ausdruck der Hingabe
an Gott täglich Morgens und Abends darbrachte, theils an die
Priester als Gabe Seitens Jahve's zum grössten Theil zurückfiel.
Jene Ganzopfer sind mir bei keinem der anderen Völker be-
gegnet; von den Griechen sahen wir vorhin, wie sie mit jedem
Opfer eine Mahlzeit verbanden. In der frühesten Zeit kommen
zwar auch bei ihnen die ὁλόκαυστα vor; aber nach dem My-
thus[90]) betrog Prometheus den Zeus, indem er den Opferstier
listig in zwei Theile zerlegte, Fleisch und Eingeweide in die
Haut gewickelt als den einen, die Knochen mit Fett umhüllt
als den anderen, worauf er den Zeus wählen hiess. Dieser liess
sich täuschen und wählte den letzteren Theil, und ‚seitdem‘,
sagt Hesiod,[91]) ‚pflegen den Göttern die Stämme der die Erde
bebauenden Menschen weisses Gebein auf duftenden Altären
zu verbrennen.‘[92])

Wir betrachten jetzt die Opferart, die für die Beurtheilung
der beiderseitigen sittlichen Auffassung der Gottheit von grösstem
Gewicht ist: das Menschenopfer. Schon oben haben wir bemerkt, dass diese Opfer einmal eine hohe Energie hingebender
Gesinnung voraussetzen, dass sie aber anderntheils nur mit
Verläugnung des menschlichen Gefühls und mit Verletzung von
Recht und Sittlichkeit vollzogen werden können. Am klarsten
erhellt dies aus dem Gegensatz, in dem diese Opfer zur israelitischen Gottesanschauung stehen.

Nach dieser verlangt Gott zwar die opferfreudige Gesinnung,
die auch das Liebste und Theuerste ihm hinzugeben bereit ist,
aber nicht das Opfer selbst, wie die Erzählung von der Opferung
Isaaks veranschaulicht. Das Kindesopfer ist Gott vielmehr ein
Gräuel, eine Entweihung seines heiligen Namens.[93]) ‚Alles,
was Jahve ein Gräuel ist‘, heisst es deut. XII 31 von den Gojim,
‚was er hasst, haben sie ihren Göttern gethan. Denn sogar ihre
Söhne und Töchter haben sie mit Feuer verbrannt für ihre
Götter.‘ Und darum befiehlt das Gesetz:[94]) ‚Jedermann von den
Söhnen Israels und von den Fremdlingen, welche sich aufhalten

---

[90]) Hes. Theog. 528 ff.   [91]) ib. 548.

[92]) Ueber die Phoenizier cf. Movers phoen. T. II 59. 71; über die
Aegypter Wilk. a. a. O. II 357.

[93]) lev. XVIII 21.   [94]) lev. XX 2.

in Israel, welcher von seinem Samen dem Molech giebt, soll des Todes sterben; das Volk des Landes soll ihn steinigen.' Der Grund, warum Gott diese Opfer als eine Entweihung seines Namens verabscheut, ist jedenfalls derselbe, aus dem das Tödten eines Menschen überhaupt verboten ist, nämlich der, dass Gott den Menschen nach seinem Bilde gemacht hat.[95]) Denn das Menschenopfer ist eine Nichtachtung der Menschenwürde, da es den Menschen zum Opferthiere erniedrigt; es ist eine Entweihung des göttlichen Ebenbildes und damit eine Nichtachtung der göttlichen Majestät selbst. Freilich haben sich die Israeliten nicht immer rein erhalten von diesem Opferbrauch. Jephtha, der Gileaditer, opfert seine Tochter,[96]) und vor Allen klagt Jeremia[97]) über die Brandstätten im Thale Ben-Hinnom, wo israelitische Kinder dem Moloch geopfert wurden. Natürlich ist dieser Brauch nicht auf dem Boden der israelitischen Religion erwachsen, sondern ist im Gefolge ausländischer Götterverehrung in das Volk eingedrungen. Man vergleiche dazu besonders Jeremia's Klagen über die allgemein verbreitete Abgötterei.[98])

Von den anderen Völkern des Alterthums, mit Ausnahme der Parsen,[99]) wurden häufig Menschenopfer dargebracht, und

---

[95]) gen. IX 6.   [96]) iud. XI, XII.   [97]) VII 71.
[98]) II 20, 23, III 6, VII 9, 18, VIII 2.
[99]) Kommen bei den Parsen keine Thieropfer vor, so sind noch viel weniger Menschenopfer bei ihnen zu erwarten, da durch ein solches ein Mitkämpfer für das Lichtreich verloren gehen würde. Ueber den Zweck der von Her. I 86 erzählten Opferung des Kroisos und der 14 lydischen Knaben ist sich der Erzähler selbst nicht klar, indem er jene einmal als Erstlinge des Sieges, dann zur Erfüllung eines Gelübdes einem Gotte opfern lässt, endlich, weil Xerxes probiren wollte, ob die Götter den Kroisos als einen gottesfürchtigen Mann erretten würden. Ebenso unklar ist die religiöse Bedeutung jenes Lebendigbegrabens von 9 Knaben und Mädchen an den 'Neunwegen' in Thracien seitens ¦des Xerxes, id. VII 114. Klar dagegen ist der Zweck des Opfers der Amestris, welche, alt geworden, für sich 14 vornehme Knaben dem Todesgott darbrachte. ib. ,— — ὑπὲρ ἑωυτῆς τῷ ὑπὸ γῆν λεγομένῳ εἶναι θεῷ ἀντιχαρίζεσθαι κατορύσσουσαν.' Allein hier haben wir nicht mehr den reinen Parsismus; sondern derselbe ist schon mit fremden Elementen versetzt. So sahen wir schon oben, wie Xerxes der homerischen Athene opferte. Die dieser Erzählung beigefügte Note ,Περσικὸν δὲ ζώοντας κατορύσσειν' ist kritisch zweifelhaft und kommt nur in einigen Ausgaben vor.

zwar als besonders ernste Opfer nur bei besonders wichtigen
Veranlassungen. So opferten die Phönizier und Punier dem
El-Saturn Kinder an einem bestimmten Tage des Jahres als
Reinigungsopfer für alle Sünden des verflossenen Jahres. Dann
opferten sie bei bevorstehenden grossen Unternehmungen am
häufigsten eine reine Jungfrau und endlich bei schweren Unglücksfällen, wie Dürre, Seuche, Krieg, das am meisten geliebte
Kind nach vorhergegangener Abstimmung. [100]) Sogar Massenopfer von Kindern wurden dargebracht, wie z. B. von den
Carthagern, die, als Agathocles mit seinem Heere vor den Mauern
der Stadt erschien, 200 Knaben aus edlem Geschlecht zur Abwehr der Feinde opferten. [101])

Menschenopfer kommen auch bei Griechen und Römern
häufig vor, und zwar als Mittel, besonders schwere Unglücks-
fälle abzuwenden oder bei wichtigen Ereignissen sich einen
günstigen Erfolg zu sichern. So glauben die von den Spartanern hart bedrängten Messenier nur durch das Blut einer reinen
Jungfrau Hülfe erlangen zu können; und so opfert Themistocles,
vom Volke gezwungen, vor dem Beginn der Schlacht bei Salamis
drei Perser. [102]) Im Allgemeinen zeigen sich jedoch die Griechen in dieser Beziehung viel humaner, als die Phönizier, indem
sie das Menschenopfer nach Kräften zu mildern suchten. So
wurde in Rhodos für das Fest des Kronos ein wegen eines
Verbrechens zum Tode Verurtheilter aufgespart und an dem
bestimmten Tage geopfert. In Leukas ferner wurde jährlich
als Opfer für den Apollo ein Schuldiger vom Felsen ins Meer
hinabgestürzt $\dot{\alpha}\pi o\tau\varrho o\pi\tilde{\eta}\varsigma\ \chi\dot{\alpha}\varrho\iota\nu$; aber sein Sturz wurde nach
Kräften erleichtert, und überdiess waren unten noch Fischer zu
seiner Rettung bereit. Dann gab man endlich den zum Opfer-
tode Bestimmten noch vor dem Altar Gelegenheit zur Flucht,
oder man begnügte sich mit dem blossen Fliessen von Menschen-
blut. [103]) Dass man in dieser Weise die Forderungen der
Humanität mit der grausen Nothwendigkeit ausglich, indem

[100]) Movers, Phönizien I 301 ff.

[101]) Diod. XX 14.

[102]) Paus. IV 9, VIII 2, XXXVIII 5. Her. V 71. Plut. Them. XIII.
Dio Cass. XLIII 24, XLVIII 14. 11. XXIII 135. Verg. Aen. II 116.

[103]) Herm. a. a. O. 124 f.

man schuldige Verbrecher, die an sich schon den Tod verdient
hatten, zum Opfer bestimmte, zeigt eine nicht eben hohe Scheu
vor der Heiligkeit der Gottheit. Ja sieht es bei dem zweiten
und dritten Beispiele nicht ganz so aus, als ob die Menschen,
milder als ihre Götter und empört über das Grausige des
Menschenopfers, das sie denselben schuldig sind, listiger Weise
ihnen nur zum Schein genugthun wollen und sich freuen, wenn
sie sie durch Rettung des ihnen schon hingegebenen Opfers
hintergehen können? — Auch die Römer zeigten sich in ähn-
licher Weise human, indem sie für die Menschenopfer, die bis
in die Kaiserzeit hinein fortdauerten, einen Ersatz fanden. So
zogen am 13. Mai die Pontifices, Vestalinnen, Prätoren und alle
Bürger, die an dem Opfer theilnehmen durften, an den pons
sublicius, wo sie nach Vollzug eines Opfers Binsenpuppen, die
sog. Argei, in die Tiber warfen. Dies war eine Sühne, welche
Plutarch als τὸν μέγιστον τῶν καθαρμῶν bezeichnet. Dem
analog hängte man am Feste der Mania und der compitalischen
Laren wollene Puppen, und zwar so viele, als man Glieder in
der Familie zählte, an Kreuzwegen oder über den Hausthüren
auf, um die Mania und die Laren zu bewegen, der Lebenden
zu schonen und sich dafür mit dem Symbol zu begnügen. [104])
Dass diese Puppen als eine Substitution für ursprünglich dargebrachte Menschenopfer anzusehen sind, erscheint nach dem
ganzen Vorgange als unzweifelhaft.

Dass die Aegypter Menschen geopfert, leugnet Herodot, [105])
und er tadelt die Griechen wegen dieser Ansicht, die eine Un-
kenntniss ägyptischer Natur und Sitte voraussetze. Dagegen
spricht aber einmal Plutarch, [106]) der ausdrücklich auf die
Autorität des Manetho hin berichtet, dass in der Stadt Eileithyia
in den Hundstagen rothhaarige Menschen dem Typhon öffentlich
verbrannt worden seien, was auch von Diodor [107]) bezeugt wird.
Und dann führt Letzterer die unter den Griechen verbreitete
Fabel von der Ermordung der nach Aegypten kommenden
Fremden durch den König Busiris an, welche er dahin berich-
tigt, dass unter Busiris nicht ein König zu verstehen sei, sondern

---

[104]) Becker, röm. Alterthümer IV 201 ff.

[105]) II 45.   [106]) de Is. LXXIII.   [107]) I 88.

das in der gleichnamigen Stadt befindliche Grab des Osiris, an welchem man ehemals Fremde geopfert hätte. [108]) Wir dürfen daher auch bei den Aegytern Menschenopfer annehmen, wenigstens in der Zeit vor Amasis, da durch diesen jene Opfer abgeschafft sein sollen. So sehen auch die Meisten jenes Siegel, das der Priester zwischen den Hörnern des Opferthieres, wenn dasselbe für tauglich befunden worden war, befestigte, und das einen knieenden Mann darstellt, dem die Hände auf den Rücken gebunden, und gegen das Messer gezückt sind, [109]) als eine Andeutung an, dass das mit domselben gezeichnete Thier an Stelle eines Menschen geopfert werde, dass also dies Opfer eine Substitution für das früher übliche, damals aber schon abgeschaffte Menschenopfer sei. Wilkinson jedoch, der das Vorkommen von Menschenopfern bei den Aegyptern als einem civilisirten und milden Volke entschieden in Abrede stellen zu müssen glaubt, hält dafür, dass jenes Zeichen nicht ein symbolisches, sondern ein phonetisches sei und soviel bedeute wie ‚schlagen‘, ‚tödten‘, so dass es also nur die nach voraufgegangener Untersuchung ertheilte Genehmigung zur Tödtung des Thieres bezeichne. [110]) Mir steht hierüber kein Urtheil zu, wenngleich es mir sehr auffällig erscheint, dass zur Versinnbildlichung des Begriffs ‚tödten‘ in diesem Falle nicht ein Thier, sondern ein Mensch gewählt wird.

Menschenopfer finden sich endlich auch bei den Indern. Durch deren Anschauung finden wir bestätigt, was wir schon oben bemerkt haben, dass nämlich jene Opfer keine hohe Idee von der Würde des Menschen voraussetzen. Denn der Mensch ist, wie die Brahmana oft wiederholen, zwar der Herr der Thiere, der sie alle bändigt; aber er ist im Verhältniss zu ihnen doch nur primus inter pares. So heisst es z. B., dass drei Thiere mit der Hand nehmen, der Mensch, der Elephant und der Affe; und eine andere Stelle lautet: ‚— alles Vieh lebt darin, Rind, Ross und Menschen‘. [111]) Das Menschenopfer, purushamedha, ist somit nur eine höhere Gattung der Thieropfer, wie denn

---

[108]) ib.
[109]) Plut. de Is. XXXI, Her. II 38. Bild bei Wilk a. a. O. 352.
[110]) a. a. O. 352.
[111]) Zeitschr. d. d. m. Ges. XVIII 274 ff.

auch bei den Indern Menschen nicht allein, sondern zugleich mit Thieren geopfert werden. So wird z. B. für 1000 Kühe ein weisser, gelbäugiger, aussätziger, zeugungsunfähiger Mann, der aber dem vornehmen Brahmanen-Geschlechte des Atri angehört, gekauft und als Sühnopfer im Flusse ertränkt, wobei eine Spende von Pferdeblut auf seinem Haupte geopfert wird. Ein anderes Opfer bestand darin, dass man für 1000 Kühe und 100 Rosse einen Brahmana oder Xatriya kaufte, denselben ein Jahr lang unter Befriedigung aller seiner Wünsche frei liess und ihn dann zur bestimmten Zeit mit einer grossen Zahl von Opferthieren erstickte.   Hierbei verräth es aber ein geringes Bewusstsein von der Heiligkeit der Handlung, wenn man unter Assistenz von Frauen mit dem Todten abstossende Cerimonien vornahm und dabei zotige Gespräche führte. [112]) — Wie aber bei den übrigen Völkern die Menschenopfer aus Rücksichten der Humanität allmählich in Abnahme kamen, so geschah es auch bei den Indern, die sich hierzu eines originellen und sehr sinnvollen Mittels bedienten.   Sie steigerten nämlich das Opfer zu einer solchen Grösse, dass bei dem milden Character des Volkes dessen Ausführung unmöglich gemacht und dadurch zugleich bewirkt wurde, dass das Volk auch gegen die bis dahin bestehende einfache Form des purushamedha eine Abneigung bekam.   Das Cerimoniell bei diesem symbolischen Opfer bietet eine gewisse Parallele zu jener Erzählung von der Opferung Isaaks dar.   Um den Altar nämlich stehen unter den Opferthieren auch 166 Menschen, die geopfert werden sollen. Diese spricht der Brahmane, indem er aus der Darstellung des Rituals in die Sprache der Legende übergeht, so an: ‚da, als um die Opferthiere (= Menschen) das Feuer bereits herumgetragen war und sie eben getödtet werden sollten, sprach zu ihm (dem Opferer) eine Stimme: „O purusha! führe es nicht zu Ende! Wenn du es zu Ende führtest, würde ein Mensch den andern essen:" [113]) so liess er sie denn sämmtlich los, opferte an ihrer Stelle denselben Gottheiten einfache âhuti (Spenden von Opfer-

---

[112]) ib. 268 ff. cf. 262.

[113]) Da man nämlich von jedem Opfer ass, lag die Möglichkeit nahe, auch von diesem Opfer zu essen, ib. 274 A.

schmalz) und erfreute sie dadurch, wie sie wieder ihn mit allen Wünschen erfreuten'. [114]) Dieser Vorgang der Legende war dann natürlich für das Ritual selbst ohne Weiteres gültig.

Bemerkenswerth hierbei ist, dass der erste Anstoss zur Abschaffung des Menschenopfers auf die Gottheit zurückgeführt wird, was uns eben unwillkürlich an jene Erzählung der Genesis erinnert. Wiederum ist aber zu beachten, dass es bei den Indern, wie bei den anderen Völkern, keine spezifisch religiösen Ideen sind, welche jenes Opfer verhindern, sondern reine Humanitätsrücksichten, die nur hier von der Gottheit in Erinnerung gebracht werden. Eine Andeutung, dass dies Opfer eine Entweihung der Heiligkeit der Gottheit sei, findet sich hier, wie auch im übrigen Alterthum, nicht. Jene Rücksichten bezeichnen zwar immer eine gewisse Anerkennung der Menschenwürde; es ist aber ein Unterschied, ob dieselbe mehr nur auf natürlichem Gefühl beruht, das sich noch dazu nur in solchen eklatanten Fällen, wie bei der Opferung eines Menschen, äussert, oder auf dem klaren Bewusstsein von des Menschen Gottebenbildlichkeit, wie es nur der Israelit hat. Und dies Bewusstsein ist gerade darum bei ihm so lebendig, weil der Gott, der den Menschen nach seinem Bilde geschaffen hat, der hoch Erhabene und Heilige ist. Diese, wie jene Idee fehlt dem Inder; darum hat er auch, wie wir oben sahen, und wie seine Kastenunterschiede beweisen, keine eben hohe Anschauung von der Menschenwürde, ebensowenig wie Griechen und Römer trotz ihrer hohen Kulturstufe.

Durch die Menschenopfer werden wir endlich wegen ihres vorwiegenden Zweckes auf die bedeutungsvollsten Opfer, die Sühnopfer, geführt, und wir vergleichen daher zum Schluss die Bedeutung der Sühne, wie sie in den israelitischen Opfern zur Erscheinung kommt, mit der, welche die Opfer der übrigen Völker enthalten.

Da das Bedürfniss der Sühne nur möglich ist, wo sich ein Schuldbewusstsein vorfindet, dieses aber nach seiner grösseren oder geringeren Tiefe abhängig ist von der mehr oder minder hohen Anschauung über die Heiligkeit der Gottheit, so müssen

---

[114]) ib. 270 ff.

die verschiedenen Auffassungen dieser auch in den Sühnopfern zu Tage treten. Es wird sich ferner in denselben zeigen,
ob das Verhältniss des Opfernden zur Gottheit ein näheres oder
entfernteres ist, da, wie wir schon bemerkten, das Schuldbewusstsein gerade da besonders lebendig ist, wo der Mensch in
nahem Verkehr mit der Gottheit steht. Und endlich wird, wie
bei den übrigen Opfern, so auch hier uns wiederum entgegen-
treten, wieviel Macht und Selbständigkeit sich der Opfernde
der Gottheit gegenüber beimisst.

Der Gott Israels ist der absolut Heilige, dem gegenüber
kein Sterblicher gerecht ist, und darum darf sich niemand ihm
nahen oder sein Angesicht schauen, den er nicht dazu berufen
hat. Dem Israeliten ist so das Bewusstsein seiner Unreinheit
stets gegenwärtig, und dies um so mehr, da er mit dem heiligen
Gott im Bunde steht. Darum bedarf er aber auch stets der
Sühne, weil sonst Gott vermöge seiner Heiligkeit genöthigt ist,
die Gemeinschaft mit dem unreinen Volke aufzugeben. Nicht
nur jedes Vergehen, falls es sühnbar ist, d. h. wenn es nicht
aus böser Absicht hervorgegangen war, ביד רמה, in welchem
Falle es durch das Gesetz bestraft wurde, musste gesühnt
werden; sondern es ging überhaupt jedem Opfer, selbst dem
Friedensopfer, nach gesetzlicher Vorschrift eine Sühne voraus. Und entsprechend der furchtbaren Majestät des heiligen
Gottes trug diese Sühne stets einen ernsten Character, da sie
nur durch Blut vollbracht werden konnte. Die einfache Wa-
schung mit Wasser genügte nicht, wie bei den übrigen Völkern,
zur Wiederherstellung der Reinheit. Dort findet die blutige
Sühne auch meist nur bei schwereren Vergehungen und bei
grossen Lustrationen statt. Für leichter angesehene Verun-
reinigungen wurden durch einfache Waschungen hinweggenommen, und zumeist nur dann, wenn man mit der Gottheit
in Verkehr trat. Die Heiligkeit derselben ist jenen Völkern
keine so erhabene und furchtbare, wie dem Israeliten; und
durch kein enges Band zwischen ihren Göttern und sich fühlen
sich jene verpflichtet, auch ausserhalb des gottesdienstlichen
Verkehrs den Character der Reinheit auf's Strengste zu wahren.

Was nun den Vollzug der Sühne selbst betrifft, so ist
dieser ausser dem oben Gesagten zunächst durch den Zweck

derselben bestimmt. Dieser geht in allen polytheistischen Religionen
wesentlich auf Vermeidung des Uebels, welches die über irgend-
welche Vergehen erzürnte Gottheit sendet. Dies zeigen uns
vornehmlich die grossen Sühnopfer, die bei schweren Unglücksfällen dargebracht wurden. [115]) Da nun das Uebel die Wirkung
des Zornes der Gottheit war, so kam es einzig darauf an, diesen
zu besänftigen. Und er kann besänftigt werden, da ja der
Mensch einen Einfluss auf seine Götter auszuüben vermag.
Diese Besänftigung kann aber in doppelter Weise geschehen:
entweder wird der Gott durch reichliche Gaben zur Milde ge-
stimmt, [116]) oder, was einen Fortschritt über diese naive Anschauung hinaus anzeigt, sein Zorn wird von dem Schuldigen
auf ein anderes Object abgeleitet. Ist der Schuldige ein Einzelner, so genügt das Blut eines Opferthieres; will sich dagegen
eine ganze Gemeinde entsühnen, werden gewöhnlich Menschen
geopfert; denn da der Mensch das höchste der irdischen Wesen
ist, muss sein Opfer ganz besonders wirksam sein. Die Idee
der Stellvertretung ist hier überall die herrschende. Ob aber
ein Mensch, der doch als solcher nie unschuldig ist, ja ob ein
Verbrecher (cf. p. 36) fähig ist, die Schuld der Schuldigen durch
seinen Tod zu sühnen, diese tiefere sittliche Frage wird hier
nicht beachtet. Genug, dass der Zorn der Gottheit anstatt der
Schuldigen ein anderes Object hat, über das er sich entladen
kann. Ferner zeigt sich gerade bei der Sühne eine grosse
Willkür betreffs des Opfers und der Glaube an eine gewisse
magische Wirkung desselben. So z. B. wenn die Aegypter (cf.
p. 15) das abgeschnittene Haupt des Thieres feierlich verfluchen,
damit alles Unheil, welches den Opfernden oder die Aegypter
vielleicht treffen könnte, auf jenes sich wenden möge, und wenn
sie dann mit dem Haupte zugleich das Unheil zu entfernen
glauben. Ebenso, wenn griechische Familienväter zur Sühne
der im Hause begangenen Sünden jeden Monat für die Hekate

---

[115]) Bloss als Sühne, welche zu näherem Verkehr mit der Gottheit
befähigt, dient das erst in später Zeit im Anschluss an den Kult der
Cybele und an den des Mithras erwähnte Taurobolium und Criobo-
lium (Becker a. a. O. 17), welches zwar eine tiefere Symbolik enthält,
aber nicht mehr zu den bekannten, volksthümlichen Opfern zu zählen ist.

[116]) Hom. Il. I 457 ff. IX 496 ff.

gewisse Gerichte bereiten, in diese den Fluch, der auf ihren Vergehungen ruht, hineinbannen und dieselben dann um Mitternacht auf einen Kreuzweg stellen, damit sie sammt dem Fluche von Hunden oder hündischen Menschen verzehrt werden [117] Nicht so oberflächlich ist dagegen die Anschauung, die jenem Aufhängen von Puppen am Feste der Mania oder dem in-die-Tiber-Werfen der Argei zu Grunde liegt. Denn hierin spricht sich das Bewusstsein aus, dass eigentlich der Mensch selbst für seine Schuld zu büssen hätte. Gleichwohl ist ein derartiger Vollzug der Sühne, dass man den Menschen vertretende Symbole der Vernichtung hingiebt, in hohem Grade äusserlich und willkürlich. Aehnlich verhält es sich mit der Sitte, dass bei den Suovitaurilien die Opferthiere um die Volksversammlung geführt und dann geopfert wurden, oder mit dem bei den Athenern üblichen Gebrauche, kleine Schweine um die versammelte Menge herum zu führen. Ob durch dies Herumführen die Schuld der Versammlung auf die Opferthiere übergehen, oder ob dadurch die Versammlung gleichsam in eine Gemeinschaftssphäre mit denselben gerückt werden und zu innigerer Theilnahme an dem Opfer und seiner Wirkung gelangen sollte, lasse ich dahingestellt sein; jedenfalls zeigt die eine wie die andere Art der Sühne eine grosse Aeusserlichkeit. Eine solche zeigt sich endlich auch in der Verwendung des Blutes der Opferthiere. Wenn z. B. die Hand dessen, der einen Menschen getödtet hatte, mit dem Blute des Opferschweines benetzt und hierauf abgewaschen wurde, so wurde die Verunreinigung erst durch eine materielle Befleckung veranschaulicht und dann mit dieser hinweggenommen. [118] Oder wenn eine Versammlung mit dem Opferblute besprengt wurde, so sollte der Einzelne durch die an ihm haftenden Blutstropfen jedenfalls eine sichere, weil sichtbare, Theilnahme an der durch das Blut gewirkten Sühne erlangen. Auf eine innere, sittliche Bedingung als einzige Möglichkeit der Vergebung der Schuld ist nirgends hingewiesen.

Wenden wir uns zu den mosaischen Sühnopfern zurück, so ist hier der Hauptzweck der Sühne nicht die Bewahrung vor Uebel,

---

[117] cf. d. Beispiele b. Lasaulx a. a. O. 264.
[118] Herm. a. a. O. 103.

sondern die Aufrechterhaltung der Bundesgemeinschaft mit Jahve, dem Heiligen, die nur unter Voraussetzung der Reinheit des Gottesvolkes möglich ist. Zwar wird dem die Strafe erlassen, der gesühnt ist; und umgekehrt wird der bestraft, der die Sühne nicht nachsucht, da Gottes Heiligkeit als Zorneseifer gegen die Unreinheit reagirt.[119] Damit ist aber der Erlass der Strafe nicht der eigentliche Zweck der Sühne; sondern dieser besteht darin, dass die durch die Sünde befleckte Person wieder als eine reine vor Gott erscheinen kann. Mit dieser Wiederherstellung des Characters der Reinheit ist die Sühne vollzogen und damit zugleich die Schuld erlassen, so dass, was zu beachten ist, dieser Erlass hier an eine sittliche Bedingung geknüpft ist. Jene Herstellung der Reinheit kann nun nicht dadurch stattfinden, dass der Zorn Gottes sich gegen ein anderes Object wendet, weil dadurch die Unreinheit des Schuldigen offenbar nicht aufgehoben wird; und darum wird die Sühne bei den Israeliten nicht, wie bei den übrigen Völkern, durch ein stellvertretendes Leiden bewirkt.[120] Es wäre dies auch nicht möglich, da ja der stellvertretende Gegenstand als ein eben durch seine Stellvertretung unrein gewordener nicht auf den heiligen Altar gebracht werden könnte. Ein Mensch gar, als an sich schon sündig, könnte noch viel weniger als Sühnopfer dargebracht werden. Die Sühne kann Gott vielmehr nur dann eintreten lassen, wenn er die Sündenflecken nicht mehr vor Augen

---

[119] lev. IV 20, XVII 16.

[120] Ein gewisses stellvertretendes Leiden liegt indessen darin, dass der Thierkörper nach vollzogenem Sühnact als ein dem Zorne Gottes verfallenes Object galt, indem derselbe, wenigstens bei den Sündopfern höherer Gattung, dem menschlichen Gebrauche entzogen und vor dem Lager verbrannt wurde. Dieses Strafleiden ist aber keineswegs Voraussetzung der Sühne, sondern erst eine Folge ihres Vollzugs. Es würde nämlich den furchtbaren Ernst des Actes verhüllen, zeigte Gott nur seine sündenvergebende Gnade und nicht auch seine strafende Gerechtigkeit. An den hohen Ernst der Situation mahnt zwar schon das fliessende Blut; aber in ihrer ganzen Strenge zeigt sich die göttliche Gerechtigkeit erst in der Vernichtung des ihr verfallenen Gegenstandes. Und zeigen muss sie sich, soll nicht der sittliche Ernst einer laxeren sittlichen Anschauung weichen, die in Gott nur den Vergebenden sieht und nie den Strafenden.

hat, wenn dieselben bedeckt sind.[121]) Diese Bedeckung kann
nun aber nicht äusserlich dadurch geschehen, dass der zu
Sühnende z. B. mit dem Opferblute besprengt wird, sondern es
muss, da durch die Sünde die Seele verunreinigt wird, diese
bedeckt werden,[122]) was nur durch ein geistiges Medium geschehen kann. Ein solches ist die im Blute ihren Sitz habende
Seele des Thieres,[122]) welche wegen ihrer relativen Reinheit
zur Deckung fähig ist. So tritt ein reines Leben zwischen die
befleckte Seele des Menschen und Gottes Angesicht. Diese Art
der Sühne steht weit über der der anderen Völker; sie hat
einen grösseren sittlichen Gehalt und eine tiefere Symbolik. Ich
erinnere hierbei noch an die Stufenfolge, in der das Blut an
die heiligen Geräthe gesprengt wurde: eine je nach der Veranlassung gleichsam immer dringlicher werdende Erinnerung
für Jahve, dass das von ihm eingesetzte Sühnmittel als solches
verwendet ist; und dann an das grosse Versöhnungsfest, zu
dem sich im ganzen Alterthum keine genügende Parallele findet.
Endlich möchte ich noch auf einen Gebrauch beim israelitischen Opfer hinweisen, den ich sonst nirgends[123]) gefunden
habe: die Handauflegung. Der Opfernde soll nämlich nach dem
Gesetz[124]) seine Hand auf das Haupt des Opferthieres stützen
(יָדוֹ סְמַךְ), damit es wohlgefällig für ihn sei, ihn zu versöhnen.
Wohlgefällig kann aber die Opferhandlung in Folge der Handauflegung nur sein, weil der Opfernde durch dieselbe der Beziehung des Opfers auf seine Person lebendigen Ausdruck giebt,
weil er das Thier gleichsam zum Träger seiner Gesinnung
macht. Ein blosses leichtes Handauflegen sähe sehr gleich-
gültig aus und wäre eine bedeutungslose Cerimonie; ein kräftiges
Aufstützen der Hand dagegen, wie es der Ausdruck סְמַךְ besagt,
soll die Energie der Gesinnung bekunden, die den Opfernden
Angesichts der heiligen Handlung erfüllt.

Allein trotz ihres innerlichen, sittlichen Characters ist doch

---

[121]) cf. bes. lev. XVI 16.

[122]) lev. XVII 11.

[123]) Die aegyptische Sitte der Handauflegung erwähnt Wilk.
a. a. O. 352; hier ist es aber nicht der Veranstalter des Opfers, der
die Hand auflegt, sondern der Priester.

[124]) lev. I 4 cf. III 2, IV 4.

auch die mosaische Sühne eine unvollkommene, welche Unvollkommenheit ja im Wesen des Opferkultes überhaupt begründet ist. Wohl wird nämlich verlangt, dass die Unreinheit der Seele aus Gottes Augen entfernt werden müsse, damit die Schuld gesühnt werde; aber die erlangte Reinheit selbst ist keine inner-persönliche, sondern eine geliehene, von Aussen her die Person deckende. Soll daher die Sühne eine vollkommene sein, so muss eine innere, sittliche Umwandlung des Menschen stattfinden, indem die Unreinheit nicht blos bedeckt, sondern wirklich getilgt wird. So weist denn das mosaische Sühnopfer über sich hinaus auf ein vollkommneres Opfer, in dem es seine Vollendung und seinen endgültigen Abschluss findet; und dies Opfer ist dargebracht worden, als die Zeit der Vorbereitung zu Ende war, als an Stelle der Symbole die Wahrheit in voller Wesenheit trat. Da stand auch ein reines, aber nicht ein bloss relativ reines, sondern ein heiliges Leben zwischen der schuldigen Menschheit und Gottes Angesicht; und nicht dadurch allein wurde die Sühne vollzogen, dass dies heilige Leben sich gleichsam wie eine verhüllende Decke über die Schuld der Menschheit legte, vielmehr dadurch, dass von diesem Leben eine prinzipielle sittliche Umwandlung des Menschen ausging.

Damit sind wir am Ende unserer Untersuchung angelangt. Die Verschiedenheit der den mosaischen Opfern und denen der anderen Völker zu Grunde liegenden Ideen fällt zusammen mit der Verschiedenheit der beiderseitigen religiösen Anschauungen und ist im Grossen und Ganzen auf die drei die Jahve-Religion in Unterschied von den polytheistischen kennzeichnenden Momente zurückzuführen: dass Jahve der Eine und über der Welt schlechthin Erhabene, dass er der Heilige und endlich, dass er der Bundesgott Israels ist. Das den beiderseitigen Opfern Gemeinsame dagegen wies uns hin auf die allen Religionen gemeinsamen Urelemente: das Bewusstsein der Abhängigkeit von einem höheren Wesen und der Trieb, mit demselben in Gemeinschaft zu treten.

Was wir zum Schluss noch passend erwähnen dürfen, ist dies, dass sich sowohl bei den Israeliten selbst als auch bei den anderen Völkern das Bewusstsein von der Unvollkommenheit des Opferkultes geltend macht. ‚Du hast kein Gefallen am

Opfer', spricht der Psalmist,[125] ,ich würde es dir geben; am
Brandopfer hast du kein Wohlgefallen. Opfer für Gott sind
ein zerbrochener Geist, ein zerbrochenes und zerschlagenes
Herz, Gott, verachtest du nicht'. Ja bei Jeremia[126] steigert
sich die Polemik gegen den zu seiner Zeit ganz veräusserlichten
Opferkult soweit, dass er sogar die Berechtigung desselben
überhaupt angreift, wenn er Gott reden lässt: ,Denn nicht habe
ich gesprochen zu euren Vätern, und nicht habe ich ihnen befohlen zur Zeit, da ich sie aus Aegypten führte, in Betreff von
Brandopfern und Schlachtopfern, sondern dieses habe ich ihnen
befohlen: Höret auf meine Stimme, so will ich euer Gott sein,
und ihr sollt mein Volk sein; und wandelt auf dem ganzen Wege,
den ich euch befehlen werde, damit es euch wohl gehe'. —
Eine ähnliche Anschauung finden wir auch bei Griechen und
Römern, den Hauptvertretern der alten Welt gegen Ausgang
des Alterthums. So heisst es bei Aristoteles,[127] dass die Götter
sich nicht freuen über den Aufwand der Opfer, sondern über
die Frömmigkeit der Opfernden; und ebenso bei Seneca,[128]
dass nicht in den Opfern, mögen sie noch so glänzend sein,
eine Ehre für die Götter liege, sondern in der frommen und
redlichen Gesinnung ihrer Verehrer. ,Das ist die beste, reinste,
heiligste und frömmste Verehrung der Götter', sagt endlich
Cicero,[129] ,dass wir sie immer mit keuschen, reinen und lauteren
Gedanken und Worten verehren'. Wie die Ideen, welche den
Opferkult in's Leben riefen, den Israeliten mit den übrigen Völkern gemeinsam sind, so sind es auch die, welche von der
Unvollkommenheit einer an äussere Formen gebundenen Gottesverehrung auf eine höhere, geistigere Stufe derselben hinweisen.

---

[125] ψ LI 18f. cf. Hos. VI 6, ψ XL 7, L 9.
[126] VII 22f. cf. VI 20, Jes. I 11 ff.
[127] cf. Lasaulx 260.
[128] de Ben. I 6.
[129] de nat. deor. II 28, 71.